कथा दीपिका

कथा दीपिका

सम्पादिका

डॉ. शारदा एम.
एसोसिएट प्रोफेसर
हिन्दी विभाग
मुल्कि सुन्दर राम शेट्टि कॉलेज, शिर्वा
अध्यक्षा
हिन्दी अध्ययन मंडली
मंगलूर विश्वविद्यालय, मंगलगंगोत्री, मंगलूर

डॉ. नागरत्ना एन. राव
एसोसिएट प्रोफेसर
विभागाध्यक्ष
हिन्दी विभाग
विश्वविद्यालय कॉलेज, मंगलूर

वाणी प्रकाशन

वाणी प्रकाशन

4695, 21-ए, दरियागंज, नयी दिल्ली 110 002

शाखा

अशोक राजपथ, पटना 800 004

फ़ोन : +91 11 23273167 फ़ैक्स : +91 11 23275710

www.vaniprakashan.in
vaniprakashan@gmail.com

KATHA DEEPIKA
Edited by Dr. Sharada M., Dr. Nagaratna N. Rao

ISBN : 978-93-5229-062-8

प्रथम संस्करण

मूल्य : ₹ 45

हर्ष प्रिंटर्स, दिल्ली-110 093 में मुद्रित

वाणी प्रकाशन का लोगो मक़बूल फ़िदा हुसेन की कूची से

अपनी बात

भारत एक बहुभाषी देश है, जहाँ 'हिन्दी' एक ऐसी भाषा है जो सभी भारतीय भाषाओं को जोड़कर रखने का सामर्थ्य रखती है। ऐसे में हमें अपने तमाम मतभेदों को भुलाकर हिन्दी को अपनाकर देश को एकसूत्र में बाँधकर रखने का प्रयास करना चाहिए। हमें प्रादेशिकता की संकुचित भावना से ऊपर उठकर राष्ट्रीयता की सोच को अपनाने की आवश्यकता है। मंगलूर विश्वविद्यालय ने अब इस दिशा में अपना कदम बढ़ाया है। कर्नाटक की प्रादेशिक भाषा कन्नड़ है और इसलिए यहाँ के स्थानीय हिन्दी के प्रति किंचित उपेक्षा की भावना रखते हैं। इसीलिए अब तक मंगलूर विश्वविद्यालय में हिन्दी भाषा तथा साहित्य के अध्ययन हेतु स्नातकोत्तर विभाग का अभाव था जबकि कर्नाटक के दक्षिण कन्नड़ जिला मंगलूर की व्याप्ति में आने वाले कॉलेजों में 'हिन्दी' को भाषा के रूप में अवश्य पढ़ाया जाता रहा है। अब यहाँ भी आगामी वर्ष से हिन्दी के स्नातकोत्तर विभाग का श्रीगणेश हो रहा है। अब यहाँ के विद्यार्थियों को हिन्दी में एम.ए. करने हेतु पड़ोसी विश्वविद्यालयों की शरण नहीं लेनी पड़ेगी। हिन्दी अध्येताओं को यह सुअवसर प्रदान करने के लिए हम मंगूलर विश्वविद्यालय की कार्यकारिणी समिति तथा इसके सभी कर्ता-धर्ता के प्रति कृतज्ञता ज्ञापित करना चाहते हैं। आशा है कई हिन्दी अध्ययन के उत्सुक विद्यार्थी इस सुविधा का लाभ उठाकर कृतार्थ होंगे।

हिन्दी आज केवल भारत की भाषा नहीं है, यह तो विश्व भाषा है। इसकी सरलता, सहजता, सुग्राह्यता ने इसे सर्वप्रचलित भाषा बना दिया है। भारत के अन्य क्षेत्रों की भाँति मंगलूर में भी 'हिन्दी' रोज़ी-रोटी से जुड़ी हुई है। मंगलूर एक औद्योगिक क्षेत्र है, जहाँ केन्द्र सरकार के कई उद्योग, बैंक, भारतीय रेल और बीमा निगम की संस्थाएँ हैं, जो हिन्दी विद्यार्थियों को रोज़गार जुटाती हैं। अतः यहाँ की स्थानीय आवश्यकताओं और सम्प्रेषणीयता के स्तर को ध्यान में रखकर एम.ए. का पाठ्यक्रम बनाया गया है। स्नातकोत्तर स्तर पर हिन्दी की पाठ्य

पुस्तकों की निर्माण प्रक्रिया में वाणी प्रकाशन, दिल्ली और उनके सहयोगियों ने काफी सहयोग दिया है। उनके सहयोग का परिणाम है 'कथा दीपिका', जिसके लिए हम उनके प्रति आभार प्रकट करते हैं कि इनकी लगन और श्रम के कारण समय पर यह पाठ्य पुस्तक लभ्य हो पायी।

–शारदा एम.

–नागरत्ना एन. राव

अनुक्रम

जयशंकर प्रसाद / *आकाशदीप*
9

रांगेय राघव / *गदल*
15

फणीश्वरनाथ रेणु / *रसप्रिया*
32

अज्ञेय / *हीला-बोन् की बत्तखें*
46

उषा प्रियंवदा / *वापसी*
57

ममता कालिया / *उमस*
67

जयशंकर प्रसाद

हिन्दी के शीर्षस्थ छायावादी कवि और नाटककार के रूप में प्रसाद जी का परिचय दिया जाता है। प्रसाद जी का जन्म सन् 1889 ई. में काशी के सुँघनी साहु के घराने में हुआ था। वैभव के बीच बचपन बिताने वाले प्रसाद जी को जीवन की कठोर परिस्थितियों से भी गुज़रना पड़ा। सम्भवतः यही कारण है कि इनका साहित्य समाज का वर्णन है। उन्होंने उपन्यास, कहानियाँ, कविता, नाटक और वैचारिक निबन्ध लिखे। 'कानन कुसुम' और 'महाराणा का महत्त्व' उनकी आरम्भिक कृतियाँ हैं। 'आँसू', 'लहर', 'झरना' उनके मुक्तक काव्य हैं और खड़ी बोली का सर्वश्रेष्ठ महाकाव्य 'कामायनी' उनकी कृति है। 'कंकाल', 'तितली' और 'इरावती' (अधूरा) उनके उपन्यास हैं। 'आकाशदीप', 'आँधी', 'इन्द्रजाल', 'प्रतिध्वनि' और 'छाया' जैसे कहानी संग्रह,'चन्द्रगुप्त', 'स्कन्दगुप्त', 'कामना', 'एक घूँट', 'जनमेजय का नागयज्ञ', 'प्रायश्चित्त', 'सज्जन' और 'ध्रुवस्वामिनी' जैसे नाटक तथा 'काव्य और कला' जैसे निबन्ध संग्रह प्रमुख हैं। इस प्रकार उनकी कृतियाँ साहित्य की विशाल संपदा के रूप में जानी जाती हैं।

काव्य के क्षेत्र में प्रसाद छायावाद के प्रवर्तकों में से हैं। कवि होने के नाते उनका गद्य रोमानी है। उनके नाटक इतिहास और कल्पना का संगम प्रस्तुत कर साहित्यिकता का श्रेष्ठ मापदण्ड प्रस्तुत करते हैं, रंगमंच के अनुकूल वे हों या न हों पर नाट्यकला के तत्त्वों से पूर्ण निश्चित रूप से हैं।

कहानीकार के रूप में प्रसाद जी की सफलता असंदिग्ध है। उनकी कुछ कहानियाँ यथार्थ पर आधारित हैं, कुछ कहानियाँ अपनी भावात्मकता के लिए विख्यात हैं, कुछ कहानियों का सम्बन्ध रहस्य से है। उनकी कहानी, कहानी-कला का आदर्श है। चूँकि वे मूलतः कवि थे इसलिए उनकी कहानियों में भावुकता भी दिखाई देती है। पर भावुकता के कारण उनकी कहानियाँ स्वाभाविकता से दूर नहीं मानी जा सकतीं। उनकी कहानियों में करुणा, प्रणय और मार्मिक स्मृति के चित्र भिन्न-भिन्न रूप में चित्रित हैं।

प्रसाद एक मूल्यवादी लेखक थे। वे मानव जीवन के कुत्सित यथार्थ की पहचान करते हुए भी भावात्मक स्तर पर मानवीय एकता को मुखर करते रहे। किन्तु उनका आदर्शवाद सीधा-सपाट नहीं होता था। वे किसी भी संवेदना की प्रस्तुति के लिए महत्त्वपूर्ण जटिल पात्रों का चयन करते हैं। प्रसाद जी का निधन सन् 1937 ई. में हुआ।

आकाशदीप

जयशंकर प्रसाद

हिमावृत चोटियों की श्रेणी, अनन्त आकाश के नीचे क्षुब्ध समुद्र! उपत्यका की कन्दरा में, प्राकृतिक उद्यान में खड़े हुए युवक ने युवती से कहा—"प्रिये!"

"प्रियतम! क्या होने वाला है?"

"देखो क्या होता है, कुछ चिन्ता नहीं, आसव तो है न?"

"क्यों प्रिय! इतना बड़ा खेल क्या यों ही नष्ट हो जायेगा?"

"यदि नष्ट न हो, खेल ज्यों-का-त्यों बना रहे तब तो वह बेकार हो जायेगा।"

"तब हृदय में अमर होने की कल्पना क्यों थी?"

"सुख-भोग-प्रलोभन के कारण।"

"क्या सृष्टि की चेष्टा मिथ्या थी?"

"मिथ्या थी या सत्य, नहीं कहा जा सकता—पर सर्ग प्रलय के लिए होता है, यह निस्सन्देह कहा जायगा, क्योंकि प्रलय भी एक सृष्टि है।"

"अपना अस्तित्व बनाये रखने के लिए बड़ा उद्योग था"—युवती ने निःश्वास लेकर कहा।

"यह तो मैं भी मानूँगा कि अपने अस्तित्व के लिए स्वयं आपको व्यय कर दिया।"—युवक ने व्यंग्य से कहा।

युवती करुणार्द्र हो गयी। युवक ने मन बदलने के लिए कहा—"प्रिये! आसव ले आओ।"

युवती स्फटिक-पात्र में आसव ले आयी। युवक पीने लगा।

"सदा रक्षा करने पर भी यह उत्पात?" युवती ने दीन होकर जिज्ञासा की।

"तुम्हारे उपासकों ने भी कम अपव्यय नहीं किया।" युवक ने सस्मित

कहा।

"ओह, प्रियतम! अब कहाँ चलें?" युवती ने मान करके कहा।

कठोर होकर युवक ने कहा—"अब कहाँ, यहीं से यह लीला देखेंगे।"

सूर्य का अलात-चक्र के समान शून्य में भ्रमण, और उसके विस्तार का अग्नि-स्फुलिंग-वर्षा करते हुए आश्चर्य-संकोच! हिम-टीलों का नवीन महानदों के रूप में पलटना, भयानक ताप से शेष प्राणियों का पलटना! महाकापालिक के चिताग्नि-साधन का वीभत्स दृश्य! प्रचंड आलोक का अन्धकार!!!

युवक मणि-पीठ पर सुखासीन होकर आसव पान कर रहा है। युवती त्रस्त नेत्रों से इस भीषण व्यापार को देखते हुए भी नहीं देख रही है। जवाकुसुम सदृश और जगत् का तत्काल तरल पारद-समान रंग बदलना, भयानक होने पर भी युवक को स्पृहणीय था। वह सस्मित बोला—"प्रिये! कैसा दृश्य है।"

"इसी का ध्यान करके कुछ लोगों ने आध्यात्मिकता का प्रचार किया था।" युवती ने कहा।

"बड़ी बुद्धिमत्ता थी!" हँस कर युवक ने कहा। वह हँसी ग्रहगण की टक्कर के शब्द से भी कुछ ऊँची थी।

"क्यों?"

"मरण के कठोर सत्य से बचने का बहाना या आड़।"

"प्रिय! ऐसा न कहो।"

"मोह के आकस्मिक अवलम्ब ऐसे ही होते हैं।" युवक ने पात्र भरते हुए कहा।

"इसे मैं नहीं मानूँगी।" दृढ़ होकर युवती बोली।

सामने की जल-राशि आलोड़ित होने लगी। असंख्य जलस्तम्भ शून्य नापने को ऊँचे चढ़ने लगे। कण-जाल से कुहासा फैला। भयानक ताप पर शीतलता हाथ फेरने लगी। युवती ने और भी साहस से कहा—"क्या आध्यात्मिकता मोह है?"

"चैतनिक पदार्थों का ज्वार-भाटा है। परमाणुओं से ग्रथित प्राकृत नियन्त्रण-शैली का एक बिन्दु! अपना अस्तित्व बचाये रखने की आशा में मनोहर कल्पना कर लेता है। विदेह होकर विश्वात्मभाव की प्रत्याशा, इसी क्षुद्र अवयव में अन्तर्निहित अन्तःकरण यन्त्र का चमत्कार साहस है, जो स्वयं नश्वर उपादनों को साधन बनाकर अविनाशी होने का स्वप्न देखता है। देखो, इसी सारे जगत् के लय की लीला में तुम्हें इतना मोह हो गया?"

प्रभंजन का प्रबल आक्रमण आरम्भ हुआ। महार्णव की आकाशमापक स्तम्भ

लहरियाँ भग्न होकर भीषण गर्जन करने लगीं। कन्दरा के उद्यान का अक्षयवट लहरा उठा। प्रकाण्ड शाल-वृक्ष तृण की तरह उस भयंकर फूत्कार से शून्य में उड़ने लगे। दौड़ते हुए वारिद-वृन्द के समान विशाल शैल-शृंग आवर्त में पड़कर चक्र-भ्रमण करने लगे। उद्गीर्ण ज्वालामुखियों के लावे जल-राशि को जलाने लगे। मेघाच्छादित, निस्तेज, स्पृश्य, चन्द्रबिम्ब के समान सूर्यमंडल महाकापालिक के पिये हुए पान-पात्र की तरह लुढ़कने लगा। भयंकर कम्प और घोर वृष्टि में ज्वालामुखी बिजली के समान विलीन होने लगे।

युवक ने अट्टहास करते हुए कहा—"ऐसी बरसात काहे को मिलेगी! एक पात्र और।"

युवती सहमकर पात्र भरती हुई बोली—"मुझे अपने गले से लगा लो, बड़ा भय लगता है।"

युवक ने कहा—"तुम्हारा त्रस्त करुण अर्ध कटाक्ष विश्व-भर की मनोहर छोटी-सी आख्यायिका का सुख दे रहा है। हाँ एक..."

"जाओ, तुम बड़े कठोर हो...।"

"हमारी प्राचीनता और विश्व की रमणीयता ने तुम्हें सर्ग और प्रलय की अनादि लीला देखने के लिए उत्साहित किया था। अब उसका तांडव नृत्य देखो। तुम्हें भी अपनी कोमल कठोरता का बड़ा अभिमान था...।"

"अभिमान ही होता, तो प्रयास करके तुमसे क्यों मिलती? जाने दो, तुम मेरे सर्वस्व हो। तुमसे अब यह माँगती हूँ कि अब कुछ न माँगूँ, चाहे इसके बदले मेरी समस्त कामना ले लो।" युवती ने गले में हाथ डालकर कहा।

भयानक शीत, दूसरे क्षण असह्य ताप, वायु के प्रचंड झोंकों में एक के बाद दूसरे की अद्भुत परम्परा, घोर गर्जन, ऊपर कुहासा और वृष्टि, नीचे महार्णव के रूप में अनन्त द्रवराशि, पवन उन्चासों गतियों से समग्र पंचमहाभूतों को आलोड़ित कर उन्हें तरल परमाणुओं के रूप में परिवर्तित करने के लिए तुला हुआ है। अनन्त परमाणुमय शून्य में एक वट-वृक्ष केवल एक नुकीले शृंग के सहारे स्थित है। प्रभंजन के प्रचंड आघातों से सब अदृश्य है। एक डाल पर वही युवक और युवती! युवक के मुख-मंडल के प्रकाश से ही आलोक है। युवती मूर्च्छितप्राय है। वदन-मंडल मात्र अस्पष्ट दिखाई दे रहा है। युवती सचेत होकर बोली—

"प्रियतम!"

"क्या प्रिये?"

"नाथ! अब मैं तुमको पाऊँगी।"

"क्या अभी तक नहीं पाया था?"

"मैं अभी तक तुम्हें पहचान भी नहीं सकी थी। तुम क्या हो, आज बता दोगे?"

"क्या अपने को जान लिया था; तुम्हारा क्या उद्देश्य था?"

"अब कुछ-कुछ जान रही हूँ; जैसे मेरा अस्तित्व स्वप्न था; आध्यात्मिकता का मोह था; जो तुमसे भिन्न, स्वतन्त्र स्वरूप की कल्पना कर ली थी, वह अस्तित्व नहीं, विकृति थी। उद्देश्य की तो प्राप्ति हुआ ही चाहती है।"

युवती का मुख-मंडल अस्पष्ट प्रतिबिम्ब मात्र रह गया था—युवक एक रमणीय तेज-पुंज था।

"तब और जानने की आवश्यकता नहीं, अब मिलना चाहती हो?"

"हूँ" अस्फुट शब्द का अन्तिम भाग प्रणव के समान गूँजने लगा!

"आओ, यह प्रलय-रूपी तुम्हारा मिलन आनन्दमय हो। आओ।"

अखंड शान्ति! आलोक!! आनन्द!!!

रांगेय राघव

17 जनवरी, 1923 को जन्म आगरा में। मूल नाम टी.एन.वी. आचार्य (तिरुमल्लै नम्बाकम् वीर राघव आचार्य)। कुल से दाक्षिणात्य लेकिन ढाई शतक से पूर्वज वैर (भरतपुर) के निवासी और वैर, बारोली गाँवों के जागीरदार।

शिक्षा आगरा में। सेंट जॉन्स कॉलेज से 1944 में स्नातकोत्तर और 1948 में आगरा विश्वविद्यालय से गुरु गोरखनाथ पर पी-एच.डी.। हिन्दी, अंग्रेजी, बृज और संस्कृत पर असाधारण अधिकार।

13 वर्ष की आयु में लेखनारम्भ। 23-24 वर्ष की आयु में ही अभूतपूर्व चर्चा के विषय। 1942 में अकालग्रस्त बंगाल की यात्रा के बाद लिखे रिपोर्ताज—'तूफानों के बीच'—से चर्चित।

साहित्य के अतिरिक्त चित्रकला, संगीत और पुरातत्त्व में विशेष रुचि। साहित्य की प्रायः सभी विधाओं में सिद्धहस्त। मात्र 39 वर्ष की आयु में कविता, कहानी, उपन्यास, नाटक, रिपोर्ताज के अतिरिक्त आलोचना, सभ्यता और संस्कृति पर शोध व व्याख्या के क्षेत्रों को 150 से भी अधिक पुस्तकों से समृद्ध किया। अपनी अद्‌भुत प्रतिभा, असाधारण ज्ञान और लेखन-क्षमता के लिए सर्वमान्य अद्वितीय लेखक।

संस्कृत रचनाओं का हिन्दी, अंग्रेजी में अनुवाद। विदेशी साहित्य का हिन्दी में अनुवाद।

7 मई, 1956 को सुलोचनाजी से विवाह। 8 फरवरी, 1960 को पुत्री सीमन्तिनी का जन्म। अधिकांश जीवन आगरा, वैर और जयपुर में व्यतीत। आजीवन स्वतन्त्र लेखन।

हिन्दुस्तानी अकादमी पुरस्कार (1951), डालमिया पुरस्कार (1954), उत्तर प्रदेश सरकार पुरस्कार (1957 व 1959), राजस्थान साहित्य अकादमी पुरस्कार (1961) तथा मरणोपरान्त (1966) महात्मा गाँधी पुरस्कार से सम्मानित।

विभिन्न कृतियाँ अन्य भारतीय और विदेशी भाषाओं में अनूदित और प्रशंसित। लम्बी बीमारी के बाद 12 सितम्बर, 1962 को बम्बई में देहान्त।

गदल

रांगेय राघव

बाहर शोरगुल मचा। डोडी ने पुकारा—"कौन है?"

कोई उत्तर नहीं मिला। आवाज आयी—"हत्यारिन! तुझे कतल कर दूँगा!"

स्त्री का स्वर आया—"करके तो देख! तेरे कुनबे को डायन बनके न खा गयी, निपूते!"

डोडी बैठा न रह सका। बाहर आया।

"क्या करता है, क्या करता है, निहाल?"—डोडी बढ़कर चिल्लाया—"आखिर तेरी मैया है।"

"मैया है!"—कहकर निहाल हट गया।

"और तू हाथ उठाके तो देख!" स्त्री ने फुफकारा—"कढ़ीखाए! तेरी सींक पर बिल्लियाँ चलवा दूँ! समझ रखियो! मत जान रखियो! हाँ! तेरी आसरतू नहीं हूँ।"

"भाभी!"—डोडी ने कहा—"क्या बकती है? होश में आ!"

वह आगे बढ़ा। उसने मुड़कर कहा—"जाओ सब। तुम सब लोग जाओ!"

निहाल हट गया। उसके साथ ही सब लोग इधर-उधर हो गये।

डोडी निस्तब्ध, छप्पर के नीचे लगा बरैंडा पकड़े खड़ा रहा। स्त्री वहीं बिफरी हुई-सी बैठी रही। उसकी आँखों में आग-सी जल रही थी।

उसने कहा—"मैं जानती हूँ, निहाल में इतनी हिम्मत नहीं। यह सब तैने किया है, देवर!"

"हाँ गदल!"—डोडी ने धीरे से कहा—"मैंने ही किया है।"

गदल सिमट गयी। कहा—"क्यों, तुझे क्या जरूरत थी?"

डोडी कह नहीं सका। वह ऊपर से नीचे तक झनझना उठा। पचास साल का वह लम्बा खारी गूजर, जिसकी मूँछें खिचड़ी हो चुकी थीं, छप्पर तक पहुँचा-सा

लगता था।

उसके कन्धे की चौड़ी हड्डियों पर अब दिये का हल्का प्रकाश पड़ रहा था, उसके शरीर पर मोटी फतुही थी और उसकी धोती घुटनों के नीचे उतरने के पहले ही झूल देकर चुस्त-सी ऊपर की ओर लौट जाती थी। उसका हाथ कर्रा था और वह इस समय निस्तब्ध खड़ा रहा।

स्त्री उठी। वह लगभग 45 वर्षीया थी, और उसका रंग गोरा होने पर भी आयु के धुँधलके में अब मैला-सा दिखने लगा था। उसको देखकर लगता था कि वह फुर्तीली थी। जीवन-भर कठोर मेहनत करने से, उसकी गठन के ढीले पड़ने पर भी उसकी फुर्ती अभी तक मौजूद थी।

"तुझे शरम नहीं आती, गदल?"—डोडी ने पूछा।

"क्यों, शरम क्यों आयेगी?"—गदल ने पूछा।

डोडी क्षणभर सकते में पड़ गया। भीतर के चौबारे से आवाज आयी—"शरम क्यों आयेगी इसे? शरम तो उसे आये, जिसकी आँखों में हया बची हो।"

"निहाल!"—डोडी चिल्लाया—"तू चुप रह!"

फिर आवाज बन्द हो गयी।

गदल ने कहा—"मुझे क्यों बुलाया है तूने?"

डोडी ने इस बात का उत्तर नहीं दिया। पूछा—"रोटी खाई है?"

"नहीं," गदल ने कहा—"खाती भी कब? कमबखत रास्ते में मिले। खेत होकर लौट रही थी। रास्ते में अरने-कंडे बीनकर संझा के लिए ले जा रही थी।"

डोडी ने पुकारा—"निहाल! बहू से कह, अपनी सास को रोटी दे जाय!"

भीतर से किसी स्त्री की ढीठ आवाज सुनाई दी—"अरे, अब लौहरों की बैयर आयी हैं; उन्हें क्यों गरीब खारियों की रोटी भाएगी?"

कुछ स्त्रियों ने ठहाका लगाया।

निहाल चिल्लाया—"सुन ले, परमेसुरी, जगहँसाई हो रही है। खारियों की तो तूने नाक कटाकर छोड़ी।"

गुन्ना मरा, तो पचपन बरस का था। गदल विधवा हो गयी। गदल का बड़ा बेटा निहाल तीस वर्ष के पास पहुँच रहा था। उसकी बहू दुल्ला का बड़ा बेटा सात का, दूसरा चार का और तीसरी छोरी थी जो उसकी गोद में थी।

निहाल से छोटी तरा-ऊपर की दो बहिनें थीं चम्पा और चमेली, जिसका क्रमशः झाज और विश्वारा गाँवों में ब्याह हुआ था। आज उनकी गोदियों से

उनके लाल उतरकर धूल में घुटरूवन चलने लगे थे। अन्तिम पुत्र नारायन अब बाईस का था, जिसकी बहू दूसरे बच्चे की माँ बननेवाली थी। ऐसी गदल, इतना बड़ा परिवार छोड़कर चली गयी थी और बत्तीस साल के एक लौहरे गूजर के यहाँ जा बैठी थी।

डोडी गुन्ना का सगा भाई था। बहू थी, बच्चे भी हुए। सब मर गये। अपनी जगह अकेला रह गया। गुन्ना ने बड़ी-बड़ी कही, पर वह फिर अकेला ही रहा, उसने ब्याह नहीं किया, गदल ही के चूल्हे पर खाता रहा। कमाकर लाता, वो उसी को दे देता, उसी के बच्चों को अपना मानता, कभी उसने अलगाव नहीं किया। निहाल अपने चाचा पर जान देता था। और फिर खारी गूजर अपने को लौहरों से ऊँचा समझते थे।

गदल जिसके घर बैठी थी, उसका पूरा कुनबा था। उसने गदल की उम्र नहीं देखी, यह देखा कि खारी औरत है, पड़ी रहेगी। चूल्हे पर दम फूँकनेवाली की जरूरत भी थी।

आज ही गदल सवेरे गयी थी और शाम को उसके बेटे उसे फिर बाँध लाये थे। उसके नये पति मौनी को अभी पता भी नहीं हुआ होगा। मौनी रँडुआ था। उसकी भाभी जो पाँव फैलाकर मटक-मटककर छाछ बिलोती थी—दुल्लो सुनेगी तो क्या कहेगी?

गदल का मन विक्षोभ से भर उठा।

आधी रात हो चली थी। गदल वहीं पड़ी थी। डोडी वहीं बैठा चिलम फूँक रहा था।

उस सन्नाटे में डोडी ने धीरे से कहा—"गदल!"

"क्या है?"—गदल ने हौले से कहा।

"तू चली गयी न?"

गदल बोली नहीं। डोडी ने फिर कहा—"सब चले जाते हैं। एक दिन तेरी देवरानी चली गयी, फिर एक-एक करके तेरे भतीजे भी चले गये। भैया भी चला गया। पर तू जैसी गयी; वैसे तो कोई भी नहीं गया। जग हँसता है, जानती है?"

गदल बुरबुराई—"जग हँसाई से मैं नहीं डरती देवर! जब चौदह की थी, तब तेरा भैया मुझे गाँव में देख गया था। तू उसके साथ तेल पिया लट्ठ लेकर मुझे लेने आया था न, तब? मैं आयी थी कि नहीं? तू सोचता होगा कि गदल की उमर गयी, अब उसे खसम की क्या जरूरत है? पर जानता है, मैं क्यों गयी?"

"नहीं।"

"तू तो बस यही सोच करता होगा कि गदल गयी, अब पहले-सा रोटियों का आराम नहीं रहा। बहुएँ नहीं करेंगी तेरी चाकरी देवर! तूने भाई से और मुझसे निभाई, तो मैंने भी तुझे अपना ही समझा! बोल झूठ कहती हूँ?"

"नहीं, गदल, मैंने कब कहा!"

"बस यही बात है देवर! अब मेरा यहाँ कौन है! मेरा मरद तो मर गया। जीते-जी मैंने उसकी चाकरी की, उसके नाते उसके सब अपनों की चाकरी बजाई। पर जब मालिक ही न रहा, तो काहे को हड़कंप उठाऊँ? यह लड़के, यह बहुएँ! मैं इनकी गुलामी नहीं करूँगी!"

"पर क्या यह सब तेरी औलाद नहीं बावरी। बिल्ली तक अपने जायों के लिए सात घर उलट-फेर करती है, फिर तू तो मानुष है। तेरी माया-ममता कहाँ चली गयी?"

"देवर, तेरी कहाँ चली गयी थी, तूने फिर ब्याह न किया।"

"मुझे तेरा सहारा था गदल!"

"कायर! भैया तेरा मरा, कारज किया बेटे ने और फिर जब सब हो गया तब तू मुझे रखकर घर नहीं बसा सकता था। तूने मुझे पेट के लिए पराई ड्योढ़ी लँघवाई। चूल्हा मैं तब फूँकूँ, जब मेरा कोई अपना हो। ऐसी बाँदी नहीं हूँ कि मेरी कुहनी बजे, औरों के बिछिए छनके। मैं तो पेट तब भरूँगी, जब पेट का मोल कर लूँगी। समझा देवर! तूने तो नहीं कहा तब। अब कुनबे की नाक पर चोट पड़ी, तब सोचा। तब न सोचा, जब तेरी गदल को बहुओं ने आँखें तरेरकर देखा। अरे, कौन किसकी परवा करता है!"

"गदल!"—डोडी ने भर्राए स्वर में कहा—"मैं डरता था।"

"भला क्यों तो?"

"गदल, मैं बुड्ढा हूँ। डरता था, जग हँसेगा। बेटे सोचेंगे, शायद चाचा का अम्माँ से पहले से नाता था, तभी चाचा ने दूसरा ब्याह नहीं किया। गदल, भैया की भी बदनामी होती न?"

"अरे चल रहने दे!" गदल ने उत्तर दिया—"भैया का बड़ा ख़याल रहा तुझे? तू नहीं था कारज में उनके क्या? मेरे सुसर मरे थे, तब तेरे भैया ने बिरादरी को जिमाकर होठों से पानी छुलाया था अपने। और तुम सबने कितने बुलाये? तू भैया दो बेटे। यही भैया हैं, यही बेटे हैं? पच्चीस आदमी बुलाये कुल। क्यों आखिर? कह दिया लड़ाई में कानून है। पुलिस पच्चीस से ज्यादा होते ही पकड़

ले जायेगी! डरपोक कहीं के! मैं नहीं रहती ऐसों के।"

हठात् डोडी का स्वर बदला। कहा—"मेरे रहते तू पराये मरद के जा बैठेगी?"

"हाँ।"

"अबके तो कह!"—वह उठकर बढ़ा।

"सौ बार कहूँ लाला!" गदल पड़ी-पड़ी बोली।

डोडी बढ़ा।

"बढ़!"—गदल ने फुफकारा।

डोडी रुक गया। गदल देखती रही। डोडी जाकर बैठ गया। गदल देखती रही। फिर हँसी। कहा—"तू मुझे करेगा! तुझमें हिम्मत कहाँ है देवर! मेरा नया मरद है न? मरद है। इतनी सुन तो ले भला। मुझे लगता है तेरा भइया ही फिर मिल गया है मुझे। तू?"—वह रुकी—"मरद है! अरे कोई बैयर से घिघियाता है? बढ़कर जो तू मुझे मारता, तो मैं समझती, तू अपनापा मानता है। मैं इस घर में रहूँगी?"

डोडी देखता ही रह गया। रात गहरी हो गयी। गदल ने लहँगे की पर्त फैलाकर तन ढक लिया। डोडी ऊँघने लगा।

ओसारे में दुल्ले ने अँगड़ाई लेकर कहा—"आ गयी देवरानी जी! रात कहाँ रही?"

सूका डूब गया था। आकाश में पौ फट रही थी। बैल अब उठकर खड़े हो गये थे। हवा में एक ठंडक थी।

गदल ने तड़ाक से जवाब दिया—"सो, जेठानी मेरी! हुकुम नहीं चला मुझ पर। तेरी जैसी बेटियाँ हैं मेरी। देवर के नाते देवरानी हूँ, तेरी जूती नहीं।"

दुल्लो सकपका गयी। मौनी उठा ही था। भन्नाया हुआ आया। बोला—"कहाँ गयी थी?"

गदल ने घूँघट खींच लिया, पर आवाज नहीं बदली। कहा—"वही ले गये मुझे घेरकर! मौका पाके निकल आयी।"

मौनी दब गया। मौनी का बाप बाहर से ही ढोर हाँक ले गया। मौनी बढ़ा।

"कहाँ जाता है?"—गदल ने पूछा।

"खेत-हार।"

"पहले मेरा फैसला कर जा।" गदल ने कहा।

दुल्लो उस अधेड़ स्त्री के नक्शे देखकर अचरज में खड़ी रही।

"कैसा फैसला?"—मौना ने पूछा। वह उस बड़ी स्त्री से दब गया।

"अब क्या तेरे घर का पीसना पीसूँगी मैं?"—गदल ने कहा—"हम तो दो जने हैं। अलग करेंगे खायेंगे।"—उसके उत्तर की प्रतीक्षा किये बिना ही यह कहती रही—"कमाई शामिल करो, मैं नहीं रोकती, पर भीतर तो अलग-अलग भले।"

मौनी क्षण-भर सन्नाटे में खड़ा रहा। दुल्लो तिनककर निकली। बोली—"अब चुप क्यों हो गया, देवर? बोलता क्यों नहीं? देवरानी लाया है कि सास! तेरी बोलती क्यों नहीं कढ़ती? ऐसी न समझियो तू मुझे! रोटी तवे पर पलटते मुझे भी आँच नहीं लगती, जो मैं इसकी खरी-खोटी सुन लूँगी, समझा? मेरी अम्मा ने भी मुझे चूल्हे की मट्टी खाके ही जना था। हाँ!"

"अरी तो सौत!"—गदल ने पुकारा—"मट्टी न खा के आयी, सारे कुनबे को चबा जायेगी डायन। ऐसी नहीं तेरी गुड़ की भेली है, जो न खायेंगे हम, तो रोटी गले में फन्दा मार जायेगी।"

मौनी उत्तर नहीं दे सका। वह बाहर चला गया। दुपहर हो गयी। दुल्लो बैठी चरखा कात रही थी। नरायन ने आकर आवाज दी—"कोई है?"

दुल्लो ने घूँघट काढ़ लिया। पूछा—"कौन हो?"

नरायन ने खून का घूँट पीकर कहा—"गदल का बेटा हूँ।"

दुल्लो घूँघट में हँसी। पूछा—"छोटे हो कि बड़े?"

"छोटा।"

"और कितने हैं!"

"कित्ते भी हों। तुझे क्या?"—गदल ने निकालकर कहा।

"अरे आ गयी!" कहकर दुल्लो भीतर भागी।

"आने दे आज उसे। तुझे बता दूँगी जिठानी!"—गदल ने सिर हिलाकर कहा।

"अम्माँ!"—नरायन ने कहा—"यह तेरी जिठानी!"

"क्यों आया है तू? यह बता!"—गदल झल्लाई।

"दंड धरवाने आया हूँ, अम्माँ!—कहकर नरायन आगे बैठने को बढ़ा।

"वहीं रह!"—गदल ने कहा।

उसी समय लोटा-डोर लिए मौनी लौटा। उसने देखा कि गदल ने अपने कड़े और हँसली उतारकर फेंक दी और कहा—"भर गया दंड तेरा! अब मरद का सब

माल दबाकर बहुओं के कहने से बेटों ने मुझे निकाल दिया है।"

नरायन का मुँह स्याह पड़ गया। वह गहने उठाकर चला गया। मौनी मन-ही-मन शंकित-सा भीतर आया।

दुल्लो ने शिकायत की—"सुना तूने देवर! देवरानी ने गहने दे दिये। घुटना आखिर पेट को ही मुड़ा। चार जगह बैठेगी, तो बेटों के खेत की डौर पर डंडा-धूआ तक लग जायेंगे, पक्का चबूतरा घर के आगे बन जायेगा, समझा देती हूँ। तुम भोले-भाले ठहरे। तिरिया-चरित्तर तुम क्या जानो। धन्धा है यह भी। अब कहेगी, फिर बनवा मुझे।"

गदल हँसी, कहा—"वाह जिठानी, पुराने मरद का मोल नये मरद से तेरे घर की बैयर चुकवाती होंगी। गदल तो मालकिन बनकर रहती है, समझी! बाँदी बनकर नहीं। चाकरी करूँगी तो अपने मरद की, नहीं तो बिधना मेरे ठेंगे पर। समझी! तू बीच में बोलनेवाली कौन?"

दुल्लो ने रोष से देखा और पाँव पटकती चली गयी।

मौनी ने देखा और कहा—"बहुत बढ़-बढ़कर बातें मत हाँक, समझ ले घर में बहू बनकर रह!"

"अरे तू तो तब पैदा भी नहीं हुआ था, बालम!"—गदल ने मुस्कराकर कहा—"तब से मैं सब जानती हूँ। मुझे क्या सिखाता है तू? ऐसा कोई मैंने काम नहीं किया है, जो बिरादरी के नेम के बाहर हो। जब तू देखे, मैंने ऐसी कोई बात की हो, तो हजार बार रोक, पर सौत की ठसक नहीं सहूँगी।"

"तो बताऊँ तुझे!"—वह सिर हिलाकर बोला।

गदल हँसकर ओबरी में चली गयी और काम में लग गयी।

ठंडी हवा तेज हो गयी। डोडी चुपचाप बाहर छप्पर में बैठा हुक्का पी रहा था। पीते-पीते ऊब गया और उसने चिलम उलट दी और फिर बैठा रहा।

खेत से लौटकर निहाल ने बैल बाँधे, न्यार डाला और कहा—"काका!" डोडी कुछ सोच रहा था। उसने सुना नहीं।

"काका!"—निहाल ने स्वर उठाकर कहा।

"हे!" डोडी चौंक उठा—"क्या है? मुझसे कहा कुछ?"

"तुमसे न कहूँगा, तो कहूँगा किससे? दिन-भर तो तुम मिले नहीं। चिम्मन कढेरा कहता था, तुमने दिन-भर मनमौजी बाबा की धूनी के पास बिताया, यह सच है?"

"हाँ, बेटा, चला तो गया था।"

"क्यों गये थे भला?"

"ऐसे ही जी किया था, बेटा!"

"और कस्बे से घी कटऊ क्या कराया कि बनिये का आदमी आया था। मैंने कहा–नहीं है, वह बोला–लेके जाऊँगा। झगड़ा होते-होते बचा।"

"ऐसा नहीं करते, बेटा!"–डोडी ने कहा–"बौहरे से कोई झगड़ा मोल लेता है?"

निहाल ने चिलम उठाई, कंडों में से आँच बीनकर धरी और फूँक लगाता हुआ आया। कहा–"मैं तो गया नहीं। सिर फूट जाते। नरायन को भेजा था।"

"कहाँ?" डोडी चौंका।

"उसी कुलच्छनी कुलबोरनी के पास।"

"अपनी माँ के पास?"

"न जाने तुम्हें उससे क्या है, अब भी तुम्हें उस पर गुस्सा नहीं आता। उसे माँ कहूँगा मैं?"

"पर बेटा, तू न कह, जग तो उसे तेरी माँ ही कहेगा। जब तक मरद जीता है, लोग बैयर को मरद की बहू कहकर पुकारते हैं, जब मरद मर जाता है, तो लोग उसे बेटे की अम्माँ कहकर पुकारते हैं। कोई नया नेम थोड़ी ही है।"

निहाल भुनभुनाया। कहा–"ठीक है, काका ठीक है, पर तुमने अभी तक ये तो पूछा ही नहीं कि क्यों भेजा था उसे?"

"हाँ बेटा!"–डोडी ने चौंककर कहा–"यह तो तूने बताया ही नहीं! बता न?"

"दंड भरवाने भेजा था। सो पंचायत जुड़वाने के पहले ही उसने तो गहने उतार फेंके।"

डोडी मुस्कुराया। कहा–"तो वह यह बता रही है कि घरवालों ने पंचायत भी नहीं जुड़वाई? यानी हम उसे भगाना ही चाहते थे। नरायन ले आया?"

"हाँ।"

डोडी सोचने लगा।

"मैं फेर आऊँ?"–निहाल ने पूछा।

"नहीं बेटा!" डोडी ने कहा–"वह सचमुच रूठकर ही गयी है। और कोई बात नहीं है। तूने रोटी खा ली?"

"नहीं।"

"तो जा पहले खा ले।"

निहाल उठ गया, पर डोडी बैठा रहा। रात का अँधेरा साँझ के पीछे ऐसे आ गया, जैसे कोई पर्त उलट गयी हो।

दूर ढोला गाने की आवाज आने लगी। डोडी उठा और चल पड़ा।

निहाल ने बहू से पूछा—"काका ने खा ली?"

"नहीं तो।"

निहाल बाहर आया। काका नहीं थे।

"काका।" उसने पुकारा।

राह पर चिरंजी पुजारी गढ़वाले हनुमानजी के पट बन्द करके आ रहा था। उसने पूछा—"क्या है रे?"

"पाँय लागूँ, पंडितजी।" निहाल ने कहा—"काका अभी तो बैठे थे।"

चिरंजी ने कहा—"अरे, वह वहाँ ढोल सुन रहा है। मैं अभी देखकर आया हूँ।"

चिरंजी चला गया, निहाल ठिठक खड़ा रहा। बहू ने झाँककर पूछा—"क्या हुआ?"

"काका ढोला सुनने गये हैं।"—निहाल ने अविश्वास से कहा—"वे तो नहीं जाते थे।"

"जाकर बुला ले आओ। रात बढ़ रही है।"—बहू ने कहा और रोते बच्चे को दूध पिलाने लगी।

निहाल जब काका को लेकर लौटा, तो काका की देही तप रही थी।

"हवा लग गयी है और कुछ नहीं।"—डोडी ने छोटी खटिया पर अपनी निकाली टाँगें समेटकर लेटते हुए कहा—"रोटी रहने दे, आज जी नहीं चाहता।"

निहाल खड़ा रहा। डोडी ने कहा—"अरे, सोच तो, बेटा! मैंने ढोला कितने दिन बाद सुना है। उस दिन भैया की सुहागरात को सुना था, या फिर आज...।"

निहाल ने सुना और देखा, डोडी आँख मीचकर कुछ गुनगुनाने लगा था...

शाम हो गयी थी। मौनी बाहर बैठा था। गदल ने गरम-गरम रोटी और आम की चटनी ले जाकर खाने को धर दी।

"बहुत अच्छी बनी है।"—मौनी ने खाते हुए कहा—"बहुत अच्छी है।"

गदल बैठ गयी। कहा—"तुम एक ब्याह और क्यों नहीं कर लेते अपनी उमिर लायक?"

मौनी चौंका। कहा—"एक की रोटी भी नहीं बनती?"

"नहीं", गदल ने कहा—"सोचते होंगे सौत बुलाती हूँ, पर मरद का क्या? मेरी भी तो ढलती उमिर है। जीते जी देख जाऊँगी तो ठीक है। न हो तो हुकूमत करने को तो एक मिल जायेगी।"

मौनी हँसा। बोला—"यों कह। हौंस है तुझे, लड़ने को चाहिए।"

खाना खाकर उठा, तो गदल हुक्का भरकर दे गयी और आप दीवार की ओट में बैठकर खाने लगी। इतने में सुनाई दिया—"अरे, इस बखत कहाँ चला?"

"जरूरी काम है, मौनी!"—उत्तर मिला—"पेसकार साब ने बुलवाया है।"

गदल ने पहचाना। उसी के गाँव का तो था, घोटया मैना का चन्दा गिर्राज ग्वारिया। जरूर पेसकार की गाय की चराने की बात होगी।

"अरे तो रात को जा रहा है?"—मौनी ने कहा—"ले चिलम तो पीता जा।"

आकर्षण ने रोका। गिर्राज बैठ गया। गदल ने दूसरी रोटी उठाई। कौर मुँह में रखा।

"तुमने सुना?" गिर्राज ने कहा और दम खींचा।

"क्या?" मौनी ने पूछा।

"गदल का देवर डोडी मर गया।"

गदल का मुँह रुक गया। जल्दी से लोटे के पानी के संग कौर निगला और सुनने लगी। कलेजा मुँह को आने लगा।

"कैसे मर गया?"—मौनी ने कहा—"वह तो भला-चंगा था!"

"ठंड लग गयी, रात उघाड़ा रह गया।"

गदल द्वार पर दिखाई दी। कहा—"गिर्राज!"

"काकी!"—गिर्राज ने कहा—"सच। मरते बखत उसके मुँह से तुम्हारा नाम कढ़ा था, काकी। बिचारा बड़ा भला मानस था।"

गदल स्तब्ध खड़ी रही।

गिर्राज चला गया।

गदल ने कहा—"सुनते हो!"

"क्या है री?"

"मैं जरा जाऊँगी।"

"कहाँ?"—वह आतंकित हुआ।

"वहीं।"

"क्यों?"

"देवर मर गया है न?"

"देवर! अब तो वह तेरा देवर नहीं।"

गदल झनझनाती हुई हँसी हँसी—"देवर तो मेरा अगले जनम में भी रहेगा। वही न मुझे रुखाई दिखाता, तो क्या यह पाँव कटे बिना उस देहरी से बाहर निकल सकते थे? उसने मुझसे मन फेरा, मैंने उससे। मैंने ऐसा बदला लिया उससे!"

कहते-कहते वह कठोर हो गयी।

"तू नहीं जा सकती।"—मौनी ने कहा।

"क्यों?"—गदल ने कहा—"तू रोकेगा? अरे, मेरे खास पेट के जाये मुझे रोक न पाए। अब क्या है? जिसे नीचा दिखाना चाहती थी, वही न रहा और तू मुझे रोकनेवाला है कौन? अपने मन से आयी थी, रहूँगी, नहीं रहूँगी, कौन तूने मेरा मोल दिया है। इतना बोल तो भी लिया—तू जो होता मेरे उस घर में तो, तो जीभ कढ़वा लेती तेरी।"

"अरी चल-चल।"

मौनी ने हाथ पकड़कर उसे भीतर धकेल दिया और द्वार पर खाट डालकर लेटकर हुक्का पीने लगा।

गदल भीतर रोने लगी, परन्तु इतने धीरे कि उसकी सिसकी तक मौनी नहीं सुन सका। आज गदल का मन बहा जा रहा था। रात का तीसरा पहर बीत रहा था। मौनी की नाक बज रही थी। गदल ने पूरी शक्ति लगाकर छप्पर का कोना उठाया और साँपिन की तरह उसके नीचे से रेंगकर दूसरी ओर कूद गयी।

मौनी रह-रहकर तड़पता था। हिम्मत नहीं होती थी कि जाकर सीधे गाँव में हल्ला करे और लट्ठ के बल पर गदल को उठा लाये। मन करता सुसरी की टाँगें तोड़ दे। दुल्लो ने व्यंग्य भी किया कि उसकी लुगाई भागकर नाक कटा गयी है, खून का-सा घूँट पीकर रह गया। गूजरों ने जब सुना, तो कहा—"अरे बुढ़िया के लिए खून-खराबा करायेगा! और अभी तेरा उसने खरच ही क्या कराया है? दो जून रोटी खा गयी है, तुझे भी तो टिक्कड़ खिलाकर ही गयी!"

मौनी का क्रोध भड़क गया।

घोटया का गिर्राज सुना गया था।

जिस वक्त गदल पहुँची, पटेल बैठा था। निहाल ने कहा था—"खबरदार! भीतर पाँव न धरियो!"

"क्यों लौट आयी है, बहू?" पटेल चौंका था। बोला—"अब क्या लेने आयी

है?"

गदल बैठ गयी। कहा—"जब छोटी थी, तभी मेरा देवर लट्ठ बाँध मेरे खसम के साथ आया था। इसी के हाथ देखती रह गयी थी मैं तो। सोचा था मरद है, इसकी छत्तर-छाया में जी लूँगी। बताओ, पटेल, वह ही जब मेरे आदमी के मरने के बाद मुझे न रख सका, तो क्या करती? अरे, मैं न रही, तो इनसे क्या हुआ? दो दिन में काका उठ गया न? इनके सहारे मैं रहती तो क्या होता?"

पटेल ने कहा—"पर तूने बेटा-बेटी की उमर न देखी बहू।"

"ठीक है," गदल ने कहा—"उमर देखती कि इज्जत, यह कहो। मेरी देवर से रार थी, खतम हो गयी। ये बेटा है, मैंने कोई बिरादरी के नेम के बाहर की बात की हो तो रोककर मुझ पर दावा करो। पंचायत में जवाब दूँगी। लेकिन बेटों ने बिरादरी के मुँह पर थूका, तब तुम सब कहाँ थे?"

"सो कब?"—पटेल ने आश्चर्य से पूछा।

"पटेल न कहेंगे तो कौन कहेगा? पच्चीस आदमी खिलाकर लुटा दिया मेरे मरद के कारज में!"

"पर पगली, यह तो सरकार का कानून था।"

"कानून था!"—गदल हँसी—"सारे जग में कानून चल रहा है, पटेल? दिन दहाड़े भैंस खोलकर लायी जाती हैं। मेरे ही मरद पर कानून था? यों न कहोगे, बेटों ने सोचा, दूसरा अब क्या धरा है, क्यों पैसा बिगाड़ते हो? कायर कहीं के?"

निहाल गरजा—"कायर! हम कायर? तू सिंघनी?"

"हाँ मैं सिंघनी!"...गदल तड़पी—"बोल तुझमें है हिम्मत?"

"बोल!"—वह भी चिल्लाया।

"जा, बिरादरी कारज में न्योता दे काका के।"—गदल ने कहा।

निहाल सकपका गया। बोला—"पुलिस..."

गदल ने सीना ठोंककर कहा—"बस?"

"लुगाई बकती है!"—पटेल ने कहा—"गोली चलेगी, तो?"

गदल ने कहा—"धरम-धुरन्धरों ने तो डुबो ही दी। सारी गुजरात की डूब गयी, माधो। अब किसी का आसरा नहीं। कायर-ही-कायर बसे हैं।"

फिर अचानक कहा—"मैं करूँ परबन्ध?"

"तू?"—निहाल ने कहा।

"हाँ, मैं!" ...और उसकी आँखों में पानी भर आया। कहा—"वह मरते बखत मेरा नाम लेता गया है न, तो उसका परबन्ध मैं ही करूँगी।"

मौनी आश्चर्य में था। गिर्राज ने बताया था कि कारज का जोरदार इन्तजाम है। गदल ने दरोगा को रिश्वत दी है। वह इधर आयेगा ही नहीं। गदल बड़ा इन्तजाम कर रही है। लोग कहते हैं, उसे अपने मरद का इतना गम नहीं हुआ था, जितना अब लगता है।

गिर्राज तो चला गया था, पर मौनी में विष भर गया था। उसने उठते हुए कहा—"तो गदल! तेरी भी मन की होने दूँ, सो गोला का मौनी नहीं। दरोगा का मुँह बन्द कर दे, पर उससे भी ऊपर एक दरबार है। मैं कस्बे में बड़े दरोगा से शिकायत करूँगा।"

कारज हो रहा था। पाँतें बैठतीं, जीमतीं, उठ जातीं और कढ़ाव से पुए उतरते। बाहर मरद इन्तजाम कर रहे थे, खिला रहे थे। निहाल और नरायन ने लड़ाई में महँगा नाज बेचकर जो घड़ों में नोटों की चाँदी बनाकर डाली थी, वह निकली और बौहरे का कर्ज चढ़ा। पर डाँग में लोगों ने कहा—"गदल का ही बूता था। बेटे तो हार बैठे थे। कानून क्या बिरादरी से ऊपर है?"

गदल थक गयी थी। औरतों में बैठी थी। अचानक द्वार में से सिपाही-सा दीखा। बाहर आ गयी। निहाल सिर झुकाए खड़ा था।

"क्या बात है, दीवानजी?"—गदल ने बढ़कर पूछा।

स्त्री का बढ़कर पूछना देख दीवान सकपका गया।

निहाल ने कहा—"कहते हैं कारज रोक दो।"

"सो, कैसे?"—गदल चौंकी।

"दरोगाजी ने कहा है।" दीवानजी ने नम्र उत्तर दिया।

"क्यों? उनसे पूछकर ही तो किया जा रहा है।" उसका स्पष्ट संकेत था कि रिश्वत दी जा चुकी है।

दीवान ने कहा—"जानता हूँ, दरोगाजी तो मेल-मुलाकात मानते हैं, पर किसी ने बड़े दरोगाजी के पास शिकायत पहुँचाई है, दरोगाजी को आना ही पड़ेगा। इसी से उन्होंने कहला भेजा है कि भीड़ छाँट दो। वर्ना कानूनी कार्रवाई करनी पड़ेगी।"

क्षणभर गदल ने सोचा। कौन होगा वह? समझ नहीं सकी। बोली—"दरोगाजी ने पहले नहीं सोचा यह सब? अब बिरादरी को उठा दें? दीवानजी, तुम भी बैठकर पत्तल परोसवा लो। होगी सो देखी जायेगी। हम खबर भेज देंगे, दरोगा आते ही क्यों हैं? वे तो राजा हैं।"

दीवानजी ने कहा—"सरकारी नौकरी है। चली जायेगी? आना ही होगा उन्हें।"

"तो आने दो!"—गदल ने चुभते स्वर से कहा—"सब गिरफ्तार कर लिए जायेंगे। समझी! राज से टक्कर लेने की कोशिश न करो।"

"अरे तो क्या राज बिरादरी से ऊपर है?"—गदल ने तमककर कहा—"राज के पीसे तो आज तक पिसे हैं, पर राज के लिए धर्म नहीं छोड़ देंगे, तुम सुन लो! तुम धरम छीन लो, तो हमें जीना हराम है।"

गदल के पाँव के धमाके से धरती चल गयी।

तीन पाँतें और उठ गयीं, अन्तिम पाँत थी। निहाल ने अँधेरे में देखकर कहा—"नरायन, जल्दी कर। एक पाँत बची है न?"

गदल ने छप्पर की छाया में से कहा—"निहाल!"

निहाल गया।

"डरता है?"—गदल ने पूछा।

सूखे होठों पर जीभ फेरकर उसने कहा—"नहीं!"

"मेरी कोख की लाज करनी होगी तुझे।"—गदल ने कहा—"तेरे काका ने तुझको बेटा समझकर अपना दूसरा ब्याह नामंजूर कर दिया था। याद रखना, उसके और कोई नहीं।"

निहाल ने सिर झुका लिया।

भागा हुआ एक लड़का आया।

"दादी!" वह चिल्लाया।

"क्या है रे?"—गदल ने सशंक होकर देखा।

"पुलिस हथियारबन्द होकर आ रही है।"

निहाल ने गदल की ओर रहस्यभरी दृष्टि से देखा।

गदल ने कहा—"पाँत उठने में ज्यादा देर नहीं है।"

"लेकिन वे कब मानेंगे?"

"उन्हें रोकना होगा।"

"उनके पास बन्दूकें हैं।"

"बन्दूकें हमारे पास भी हैं, निहाल!"—गदल ने कहा—"डाँग में बन्दूकों की क्या कमी?"

"पर हम फिर खायेंगे क्या!"

"जो भगवान देगा।"

बाहर पुलिस की गाड़ी का भोंपू बजा। निहाल आगे बढ़ा। दरोगा ने उतरकर कहा—"यहाँ दावत हो रही है?"

निहाल भौचक रह गया। जिस आदमी ने रिश्वत ली थी, अब वह पहचान भी नहीं रहा था।

"हाँ। हो रही है?"—उसने क्रुद्ध स्वर में कहा।

"पच्चीस आदमी से ऊपर हैं?"

"गिनकर हम नहीं खिलाते, दरोगाजी!"

"मगर तुम कानून तो नहीं तोड़ सकते।"

"राज का कानून कल का है, मगर बिरादरी का कानून सदा का है, हमें राज नहीं लेना है, बिरादरी से काम है।"

"तो मैं गिरफ्तार करूँगा!"

गदल ने पुकारा—"निहाल।"

निहाल भीतर गया।

गदल ने कहा—"पंगत होने तक इन्हें रोकना ही होगा!"

"फिर!"

"फिर सबको पीछे से निकाल देंगे। अगर कोई पकड़ा गया, तो बिरादरी क्या कहेगी?"

"पर ये वैसे न रुकेंगे। गोली चलायेंगे।"

"तू न डर। छत पर नरायन चार आदमियों के साथ बन्दूकें लिए बैठा है।"

निहाल काँप उठा। उसने घबराए हुए स्वर से समझने की कोशिश की—"हमारी टोपीदार हैं, उनकी रैफल हैं।"

"कुछ भी हो, पंगत उतर जायेगी।"

"और फिर!"

"तुम सब भागना।"

हठात् लालटेन बुझ गयी। धाँय-धाँय की आवाज आयी।

गोलियाँ अन्धकार में चलने लगीं।

गदल ने चिल्लाकर कहा—"सौगन्ध है, खाकर उठना।"

पर सबको जल्दी की फिकर थी।

बाहर धाँय-धाँय हो रही थी। कोई चिल्लाकर गिरा।

पाँत पीछे से निकलने लगी।

जब सब चले गये, गदल ऊपर चढ़ी। निहाल से कहा—"बेटा!"

उसके स्वर की अखंड ममता सुनकर निहाल के रोंगटे उस हलचल में भी खड़े हो गये। इससे पहले कि वह उत्तर दे, गदल ने कहा—"तुझे मेरी कोख की सौगन्ध है। नरायन को और बहू-बच्चों को लेकर निकल जा पीछे से।"

"और तू?"

"मेरी फिकर छोड़! मैं देख रही हूँ, तेरा काका मुझे बुला रहा है।"

निहाल ने बहस नहीं की। गदल ने एक बन्दूकवाले से भरी बन्दूक लेकर कहा—"चले जाओ सब, निकल जाओ।"

सन्तान के मोह से जकड़े हुए युवकों को विपत्ति ने अन्धकार में विलीन कर दिया।

गदल ने घोड़ा दबाया। कोई चिल्लाकर गिरा। वह हँसी। विकराल हास्य उस अन्धकार में गूँज उठा।

दरोगा ने सुना तो चौंका : औरत! मरद कहाँ गये! उसके कुछ सिपाहियों ने पीछे से घेराव डाला और ऊपर चढ़ गये। गोली चलाई। गदल के पेट में लगी।

युद्ध समाप्त हो गया था। गदल रक्त से भीगी हुई पड़ी थी। पुलिस के जवान इकट्ठे हो गये।

दरोगा ने पूछा—"यहाँ तो कोई नहीं?"

"हुजूर!"—एक सिपाही ने कहा—"यह औरत है।"

दरोगा आगे बढ़ आया। उसने देखा और पूछा—"तू कौन है?"

गदल मुस्कराई और धीरे से कहा—"कारज हो गया, दरोगाजी! आत्मा को शान्ति मिल गयी।"

दरोगा ने झल्लाकर कहा—"पर तू है कौन?

गदल ने और भी क्षीण स्वर से कहा—"जो एक दिन अकेला न रह सका, उसी की...।"

और सिर लुढ़क गया। उसके होठों पर मुस्कराहट ऐसी दिखाई दे रही थी, जैसे अब पुराने अन्धकार में जलाकर लायी हुई...पहले की बुझी लालटेन।

फणीश्वरनाथ रेणु
(1921-1977)

स्वातन्त्र्योत्तर हिन्दी गद्य साहित्य के निर्माताओं में फणीश्वरनाथ रेणु का नाम महत्त्वपूर्ण एवं विशेष उल्लेखनीय है। रेणु के साहित्य की जड़ें गाँव की जिन्दगी में दूर-दूर तक रमी हुई हैं। उन्हें गाँवों से लगाव था। गाँव के महाजनों, साहूकारों और महन्तों की निरंकुशता एवं बर्बर व्यवहार को रेणु ने निकटता से देखा था। बचपन से ही रेणु के मन में इस निरंकुशी प्रवृत्ति के प्रति आक्रोश था जो धीरे-धीरे सामाजिक संघर्ष के दर्शन में परिवर्तित हो गया। नेपाली क्रान्ति और समाजवादी आन्दोलन से जुड़कर रेणु ने इस दर्शन को व्यवहार में ढाल दिया।

फणीश्वरनाथ रेणु का जन्म 4 मार्च, 1921 ई. को एक मध्यम आय वाले किसान परिवार में हुआ। इनके गाँव का नाम औराही हिंगना है जो पूर्णिया जिले का एक पिछड़ा हुआ, दूरदराज का गाँव है। रेणु ने अपनी मैट्रिकुलेशन तक की शिक्षा फारबिसगंज से पूर्ण की। आगे की शिक्षा के लिए उन्हें बनारस भेज दिया गया किन्तु उस समय भारत में ब्रिटिश सरकार के खिलाफ असहयोग आन्दोलन जोरों से चल रहा था, रेणु का युवा मन रुक न सका और वे एक सक्रिय क्रान्तिकारी की भाँति इस आन्दोलन से जुड़ गये। ये नेपाली क्रान्ति और समाजवादी आन्दोलन से भी जुड़े तथा आपात्काल में जेल में भी रहे। रेणु का साहित्यिक जीवन स्वतन्त्रता-प्राप्ति के बाद ही आरम्भ होता है। इन्होंने अपने उपन्यासों और कहानियों के माध्यम से 'आंचलिक कथा साहित्य' का दौर आरम्भ किया जिसकी धारा अब तक विद्यमान है।

साहित्यिक लेखन के क्षेत्र में रेणु रिपोर्ताज के माध्यम से ही उतरे थे, जो विभिन्न पत्र-पत्रिकाओं में प्रकाशित हुए। रेणु द्वारा लिखे गये रिपोर्ताज केवल सूचना ही नहीं देते बल्कि वे मानवीय संवेदना से मुक्त होकर जीवन

के विभिन्न उतार-चढ़ावों का गहराई से अध्ययन भी करते हैं। इनके रिपोर्ता. जों के सम्बन्ध में श्री रघुवीर सहाय ने लिखा है—"रेणु का देखना एक ही साथ बाहर और भीतर दोनों ओर होता है। यही उनके ब्यौरों को अर्थ देता है।" (ऋण जल : धन जल की भूमिका से) रेणु के रिपोर्ताजों का फलक अत्यन्त विस्तृत है जो विविधताएँ लिए हुए है। परिवर्तन के लिए छटपटाते शोषित जन की पुकार इनके रिपोर्ताजों में रच-बस गई है। रेणु के रिपोर्ताजों के द्वारा उनकी क्रान्तिकारी मानसिकता का परिचय मिलता है। रेणु में एक विशिष्ट कला है—वे पाठक को घटना की तह तक ले जाकर विसंगतियों और विभीषिकाओं का ब्यौरा देते हैं तथा उस घटना विशेष के मानवीय कारणों की ओर संकेत भी देते हैं।

रेणु के रिपोर्ताजों में सर्वत्र एक प्राण शक्ति विद्यमान है जो भविष्य के प्रति आश्वस्त करती है। इन रिपोर्ताजों में कल्पना, कला, रूप, रंग, रस आदि सब कुछ विद्यमान है। फणीश्वरनाथ रेणु के रिपोर्ताजों के द्वारा हिन्दी के रिपोर्ताज साहित्य को नई ऊँचाइयाँ प्राप्त हुई हैं, ये रिपोर्ताज अपने समय की राजनीति, इतिहास और काल की क्रूरता के महत्त्वपूर्ण दस्तावेज बन गये हैं।

रचनाएँ

कहानी संग्रह : 'ठुमरी', 'आदिम रात्रि की महक', 'अग्निखोर', 'एक श्रावणी दोपहरी की धूप', 'अच्छे आदमी', 'मेरी प्रिय कहानियाँ', 'भित्तिचित्र की मयूरी'।

उपन्यास : 'मैला आँचल', 'परती : परिकथा', 'जुलूस', 'दीर्घतपा', 'पलटू बाबू रोड', 'कितने चौराहे'।

रिपोर्ताज : 'ऋणजल : धनजल', 'नेपाली क्रान्तिकथा', 'वनतुलसी की गन्ध'।

निबन्ध संग्रह : श्रुत-अश्रुत पूर्व।

पुरस्कार : 1974 ई. में भारत सरकार की ओर से 'पद्‌मश्री' की उपाधि से सम्मानित, किन्तु इसी वर्ष तत्कालीन सरकार के रवैये से असन्तुष्ट होकर त्याग। 1977 ई. में मेरीगंज (रानीगंज) की जनता द्वारा 'लोकरत्न' की उपाधि से सम्मानित।

रसप्रिया

फणीश्वरनाथ रेणु

धूल में पड़े कीमती पत्थर को देख कर जौहरी की आँखों में एक नयी झलक झिलमिला गयी—अपरूप-रूप!

चरवाहा मोहना छौंड़ा को देखते ही पँचकौड़ी मिरदंगिया के मुँह से निकल पड़ा—अपरूप-रूप!

...खेतों, मैदानों, बाग-बगीचों और गाय-बैलों के बीच चरवाहा मोहना की सुन्दरता!

मिरदंगिया की क्षीण-ज्योति आँखें सजल हो गयीं।

मोहना ने मुस्करा कर पूछा, "तुम्हारी उँगली तो रसपिरिया बजाते टेढ़ी हो गयी है, है न?"

"ऐ!"—बूढ़े मिरदंगिया ने चौंकते हुए कहा, "रसपिरिया?...हाँ...नहीं। तुमने कैसे...तुमने कहाँ सुना बे...?"

'बेटा' कहते-कहते रुक गया।...परमानपुर में उस बार एक ब्राह्मण के लड़के को उसने प्यार से 'बेटा' कह दिया था। सारे गाँव के लड़कों ने उसे घेर कर मारपीट की तैयारी की थी—"बहरदार होकर ब्राह्मण के बच्चे को बेटा कहेगा? मारो साले बुड्ढे को घेर कर!...मृदंग फोड़ दो।"

मिरदंगिया ने हँस कर कहा था, "अच्छा, इस बार माफ कर दो सरकार! अब से आप लोगों को बाप ही कहूँगा!"

बच्चे खुश हो गये थे। एक दो-ढाई साल के नंगे बालक की ठुड्डी पकड़ कर वह बोला था, "क्यों, ठीक है न बाप जी?"

बच्चे ठठा कर हँस पड़े थे।

लेकिन, इस घटना के बाद फिर कभी उसने किसी बच्चे को बेटा कहने की हिम्मत नहीं की थी। मोहना को देख कर बार-बार बेटा कहने की इच्छा होती है।

"रसपिरिया की बात किसने बताई तुमसे?...बोलो बेटा!"

दस-बारह साल का मोहना भी जानता है, पँचकौड़ी अधपगला है।...कौन इससे पार पाये! उसने दूर मैदान में चरते हुए अपने बैलों की ओर देखा।

मिरदंगिया कमलपुर के बाबू लोगों के यहाँ जा रहा था। कमलपुर के नन्दूबाबू के घराने में भी मिरदंगिया को चार मीठी बातें सुनने को मिल जाती हैं। एक-दो जून भोजन तो बँधा हुआ ही है, कभी-कभी रसचरचा भी यहीं आ कर सुनता है वह। दो साल के बाद वह इस इलाके में आया है। दुनिया बहुत जल्दी-जल्दी बदल रही है। ...आज सुबह शोभा मिसर के छोटे लड़के ने तो साफ-साफ कह दिया—"तुम जी रहे हो या थेथरई कर रहे हो मिरदंगिया?"

हाँ, यह जीना भी कोई जीना है! निर्लज्जता है, और थेथरई की भी सीमा होती है।...पन्द्रह साल से वह गले में मृदंग लटका कर गाँव-गाँव घूमता है, भीख माँगता है।...दाहिने हाथ की टेढ़ी उँगली मृदंग पर बैठती ही नहीं है, मृदंग क्या बजायेगा! अब तो, 'धा तिंग धा तिंग' भी बड़ी मुश्किल से बजाता है।...अतिरिक्त गाँजा-भाँग सेवन से गले की आवाज विकृत हो गयी है। किन्तु मृदंग बजाते समय विद्यापति की पदावली गाने की वह चेष्टा अवश्य करेगा।...फूटी भाथी से जैसी आवाज निकलती है, वैसी ही आवाज-सों-य, सों-य!

पन्द्रह-बीस साल पहले तक विद्यापति नाम की थोड़ी पूछ हो जाती थी। शादी-ब्याह, यज्ञ-उपनैन, मुंडन-छेदन आदि शुभ कार्यों में विदपतिया मंडली की बुलाहट होती थी। पँचकौड़ी मिरदंगिया की मंडली ने सहरसा और पूर्णिया जिले में काफी यश कमाया है। पँचकौड़ी मिरदंगिया को कौन नहीं जानता! सभी जानते हैं, वह अधपगला है!...गाँव के बड़े-बूढ़े कहते हैं—"अरे, पँचकौड़ी मिरदंगिया का भी एक जमाना था!"

इस जमाने में मोहना-जैसा लड़का भी है—सुन्दर, सलोना और सुरीला!... रसप्रिया गाने का आग्रह करता है, "एक रसपिरिया गाओ न मिरदंगिया!"

"रसपिरिया सुनोगे?...अच्छा सुनाऊँगा। पहले बताओ, किसने..."

"हे-ए-ए-हे-ए...मोहना, बैल भागे...!" एक चरवाहा चिल्लाया, "रे मोहना, पीठ की चमड़ी उधेड़ेगा करमू!"

"अरे बाप!" मोहना भागा।

कल ही करमू ने उसे बुरी तरह पीटा है। दोनों बैलों को हरे-हरे पाट के पौधों की महक खींच ले जाती है बार-बार।...खटमिट्ठाल पाट!

पँचकौड़ी ने पुकार कर कहा, "मैं यहीं पेड़ की छाया में बैठता हूँ। तुम बैल

हाँक कर लौटो। रसपिरिया नहीं सुनोगे?"

मोहना जा रहा था। उसने उलट कर देखा भी नहीं।

रसप्रिया!

विदापत नाचवाले रसप्रिया गाते थे। सहरसा के जोगेंदर झा ने एक बार विद्यापति के बारह पदों की एक पुस्तिका छपाई थी। मेले में खूब बिक्री हुई थी रसप्रिया पोथी की। विदापत नाचवालों ने गा-गा कर जनप्रिया बना दिया था रसप्रिया को।

खेत के 'आल' पर झरजामुन की छाया में पँचकौड़ी मिरदंगिया बैठा हुआ है, मोहना की राह देख रहा है।...जेठ की चढ़ती दोपहरी में काम करनेवाले भी अब गीत नहीं गाते हैं।...कुछ दिनों के बाद कोयल भी कूकना भूल जायेगी क्या? ऐसी दोपहरी में चुपचाप कैसे काम किया जाता है! पाँच साल पहले तक लोगों के दिल में हुलास बाकी था।...पहली वर्षा में भीगी हुई धरती के हरे-हरे पौधों से एक खास किस्म की गन्ध निकलती है। तपती दोपहरी में मोम की तरह गल उठती थी—रस की डाली। वे गाने लगते थे बिरहा, चाँचर, लगनी। खेतों में काम करते हुए गानेवाले गीत भी समय-असमय का खयाल करके गाये जाते हैं। रिमझिम वर्षा में बारहमासा, चिलचिलाती धूप में बिरहा, चाँचर और लगनी—

'हाँ...रे, हल जोते हलवाहा भैया रे...'

खुरपी रे चलावे...म-ज-दू-र!

एहि पंथे, धनी मोरा हे रुसलि...।

खेतों में काम करते हलवाहों और मजदूरों से कोई बिरही पूछ रहा है, कातर स्वर में—उसकी रूठी हुई धनी को इस राह से जाते देखा है किसी ने?...

अब तो दोपहरी नीरस कटती है, मानो किसी के पास एक शब्द भी नहीं रह गया है।

आसमान में चक्कर काटते हुए चील ने टिंहकारी भरी—टिं...ई...टिं-हि-क!

मिरदंगिया ने गाली दी—'शैतान!'

उसको छोड़ कर मोहना दूर भाग गया है। वह आतुर होकर प्रतीक्षा कर रहा है। जी करता है, दौड़ कर उसके पास चला जाये। दूर चरते हुए मवेशियों के झुंडों की ओर बार-बार वह बेकार देखने की चेष्टा करता है। सब धुँधला!

उसने अपनी झोली टटोल कर देखा—आम हैं, मूढ़ी है।...उसे भूख लगी। मोहन के सूखे मुँह की याद आयी और भूख मिट गयी।

मोहना-जैसे सुन्दर, सुशील लड़कों की खोज में ही उसकी जिन्दगी के अधिकांश

दिन बीते हैं।...विदापत नाच में नाचनेवाले 'नटुआ' का अनुसन्धान खेल नहीं।... सवर्णों के घर में नहीं, छोटी जाति के लोगों के यहाँ मोहना-जैसे लड़की-मुँहा लड़के हमेशा पैदा नहीं होते। ये अवतार लेते हैं समय-समय पर जदा जदा हि...

मैथिल ब्राह्मणों, कायस्थों और राजपूतों के यहाँ विदापतवालों की बड़ी इज्जत होती थी।...अपनी बोली—मिथिला—में नटुआ के मुँह से 'जनम अवधि हम रूप निहारल' सुन कर वे निहाल हो जाते थे। इसलिए हर मंडली का 'मूलगैन' नटुआ की खोज में गाँव-गाँव भटकता फिरता था—ऐसा लड़का, जिसे सजा-धजा कर नाच में उतारते ही दर्शकों में एक फुसफुसाहट फैल जाये।

"ठीक ब्राह्मणी की तरह लगता है। है न?"

"मधुकान्त ठाकुर की बेटी की तरह...।"

"नः! छोटी चम्पा-जैसी सूरत है!"

पँचकौड़ी गुनी आदमी है। दूसरी-दूसरी मंडली में मूलगैन और मिरदंगिया की अपनी-अपनी जगह होती है। पँचकौड़ी मूलगैन भी था और मिरदंगिया भी। गले में मृदंग लटका कर बजाते हुए वह गाता था, नाचता था। एक सप्ताह में ही नया लड़का भाँवरी दे कर परवेश में उतरने योग्य नाच सीख लेता था।

नाच और गाना सिखाने में कभी कठिनाई नहीं हुई, मृदंग के स्पष्ट 'बोल' पर लड़कों के पाँव स्वयं ही थिरकने लगते थे। लड़कों के जिद्दी माँ-बाप से निबटना मुश्किल व्यापार होता था। विशुद्ध मैथिली में और भी शहद लपेट कर वह फुसलाता।

"किसन कन्हैया भी नाचते थे। नाच तो एक गुण है।...अरे, जाचक कहो या दसदुआरी। चोरी डकैती और आवारागर्दी से अच्छा है। अपना-अपना 'गुन' दिखा कर लोगों को रिझा कर गुजारा करना।"

एक बार उसे लड़के की चोरी भी करनी पड़ी थी।...बहुत पुरानी बात है। इतनी मार लगी थी कि...बहुत पुरानी बात है।

पुरानी ही सही, बात तो ठीक है।

"रसपिरिया बजाते समय तुम्हारी उँगली टेढ़ी हुई थी। ठीक है न?"

मोहना न जाने कब लौट आया।

मिरदंगिया के चेहरे पर चमक लौट आयी। वह मोहना की ओर एक टकटकी लगा कर देखने लगा...यह गुणवान मर रहा है। धीरे-धीरे, तिल-तिल कर वह खो रहा है। लाल-लाल होठों पर बीड़ी की कालिख लग गयी है। पेट में तिल्ली है जरूर!

मिरदंगिया वैद्य भी है। एक झुंड बच्चों का बाप धीरे-धीरे एक पारिवारिक डॉक्टर की योग्यता हासिल कर लेता है।...उत्सवों के बासीटटका भोज्यान्नों की प्रतिक्रिया कभी-कभी बहुत बुरी होती। मिरदंगिया अपने साथ नमक-सुलेमानी, चानमार-पाचन और कुनैन की गोली हमेशा रखता था।...लड़कों को सदा गरम पानी के साथ हल्दी की बुकनी खिलाता। पीपल, काली मिर्च, अदरक वगैरह को घी में भून कर शहद के साथ सुबह-शाम चटाता।...गरम पानी!

पोटली से मूढ़ी और आम निकालते हुए मिरदंगिया बोला, "हाँ, गरम पानी! तेरी तिल्ली बढ़ गयी है, गरम पानी पियो।"

"यह तुमने कैसे जान लिया? फारबिसगंज के डागडरबाबू भी कह रहे थे, तिल्ली बढ़ गयी है। दवा...।"

आगे कहने की जरूरत नहीं। मिरदंगिया जानता है, मोहना-जैसे लड़कों के पेट की तिल्ली चिता पर ही गलती है! क्या होगा पूछ कर, कि दवा क्यों नहीं करवाते!

"माँ, भी कहती है, हल्दी की बुकनी के साथ रोज गरम पानी। तिल्ली गल जायेगी।"

मिरदंगिया ने मुस्करा कर कहा, "बड़ी सयानी है तुम्हारी माँ!"

केले के सूखे पतले पर मूढ़ी और आम रख कर उसने बड़े प्यार से कहा, "आओ, एक मुट्ठी खा लो।"

"नहीं, मुझे भूख नहीं।"

किन्तु मोहना की आँखों से रह-रह कर कोई झाँकता था, मूढ़ी और आम को एक साथ निगल जाना चाहता था।...भूखा, बीमार, भगवान!

"आओ, खा लो बेटा!...रसपिरिया नहीं सुनोगे?"

माँ के सिवा, आज तक किसी अन्य व्यक्ति ने मोहना को इस तरह प्यार से कभी परोसे भोजन पर नहीं बुलाया।...लेकिन, दूसरे चरवाहे देख लें तो माँ से कह देगें।...भीख का अन्न!

"नहीं, मुझे भूख नहीं।"

मिरदंगिया अप्रतिभ हो जाता है। उसकी आँखें फिर सजल हो जाती हैं। मिरदंगिया ने मोहना-जैसे दर्जनों सुकुमार बालकों की सेवा की है। अपने बच्चों को भी शायद वह इतना प्यार नहीं दे सकता।...और अपना बच्चा! हूँ!...अपना-पराया? अब तो सब अपने, सब पराये।...

"मोहना!"

"कोई देख लेगा तो?"

"तो क्या होगा?"

"माँ से कह देगा। तुम भीख माँगते हो न?"

"कौन भीख माँगता है?" मिरदंगिया के आत्म-सम्मान को इस भोले लड़के ने बेवजह ठेस लगा दी। उसके मन की झाँपी में कुडंलीकार सोया हुआ साँप फन फैला कर फुफकार उठा, "ए-स्साला!" मारेंगे वह तमाचा कि...

"ऐ! गाली क्यों देते हो!" मोहना ने डरते-डरते प्रतिवाद किया।

वह उठ खड़ा हुआ, पागलों का क्या विश्वास।

आसमान में उड़ती हुई चील ने फिर टिंहकारी भरी...टिंही...ई...टिं-टिं-ग!

"मोहना!" मिरदंगिया की अवाज गम्भीर हो गयी।

मोहना जरा दूर जा कर खड़ा हो गया।

"किसने कहा तुमसे कि मैं भीख माँगता हूँ? मिरदंग बजा कर, पदावली गा कर, लोगों को रिझा कर पेट पालता हूँ।...तुम ठीक कहते हो, भीख का ही अन्न है यह। भीख का ही फल है यह।...मैं नहीं दूँगा।...तुम बैठो, मैं रसपिरिया सुना दूँ।"

मिरदंगिया का चेहरा धीरे-धीरे विकृत हो रहा है।...आसमान में उड़नेवाली चील अब पेड़ की डाली पर आ बैठी है।...टिं-टिं-हिं टिंटिक!

मोहना डर गया। एक डग, दो डग...दे दौड़। वह भागा।

एक बीघा दूर जा कर उसने चिल्लाकर कहा, "डायन ने बान मार कर तुम्हारी उँगली टेढ़ी कर दी है। झूठ क्यों कहते हो कि रसपिरिया बजाते समय..."

"ऐं! कौन है यह लड़का? कौन है यह मोहना?...रमपतिया भी कहती थी, डायन ने बान मार दिया है।"

"मोहना!"

मोहना ने जाते-जाते चिल्ला कर कहा, 'करैला!' अच्छा, तो मोहना यह भी जानता है कि मिरदंगिया 'करैला' कहने से चिढ़ता है!...कौन है यह मोहना?

मिरदंगिया आतंकित हो गया। उसके मन में एक अज्ञात भय समा गया। वह थर-थर काँपने लगा। उसमें कमलपुर के बाबुओं के यहाँ जाने का उत्साह भी नहीं रहा।...सुबह शोभा मिसर के लड़के ने ठीक ही कहा था।

उसकी आँखों में आँसू झरने लगे।

जाते-जाते मोहना डंक मार गया। उसके अधिकांश शिष्यों ने ऐसा ही व्यवहार किया है उसके साथ। नाच सीख कर फुर्र से उड़ जाने का बहाना खोजनेवाले

एक-एक लड़के की बातें उसे याद हैं।

सोनमा ने तो गाली ही दी थी—"गुरुगिरी कहता है, चोट्टा!"

रमपतिया आकाश की ओर हाथ उठा कर बोली थी—"हे दिनकर! साच्छी रहना। मिरदंगिया ने फुसला कर मेरा सर्वनाश किया है। मेरे मन में कभी चोर नहीं था। हे सुरुज भगवान! इस दसदुआरी कुत्ते का अंग-अंग फूट कर...।"

मिरदंगिया ने अपनी टेढ़ी उँगली को हिलाते हुए एक लम्बी साँस ली।... रमपतिया? जोधन गुरु जी की बेटी रमपतिया! जिस दिन वह पहले-पहल जोधन की मंडली में शामिल हुआ था—रमपतिया बारहवें में पाँव रख रही थी।...बाल-विधवा रमपतिया पदों का अर्थ समझने लगी थी। काम करते-करते वह गुनगुनाती—'नव अनुरागिनी राधा, किछु नाँहि मानय बाधा।'...मिरदंगिया मूलगैनी सीखने गया था और गुरु जी ने उसे मृदंग थमा दिया था...आठ वर्ष तक तालीम पाने के बाद जब गुरु जी ने स्वजात पँचकौड़ी से रमपतिया के चुमौना की बात चलाई तो मिरदंगिया सभी ताल-मात्रा भूल गया। जोधन गुरु जी से उसने अपनी जात छिपा रखी थी। रमपतिया से उसने झूठा परेम किया था। गुरु जी की मंडली छोड़ कर वह रातों-रात भाग गया। उसने गाँव आ कर अपनी मंडली बनायी, लड़कों को सिखाया-पढ़ाया और कमाने-खाने लगा।...लेकिन, वह मूलगैन नहीं हो सका कभी। मिरदंगिया ही रहा सब दिन।...जोधन गुरु जी की मृत्यु के बाद, एक बार गुलाब-बाग मेले में रमपतिया से उसकी भेंट हुई थी। रमपतिया उसी से मिलने आयी थी। पँचकौड़ी ने साफ जवाब दे दिया था—"क्या झूठ-फरेब जोड़ने आयी है? कमलपुर के नन्दूबाबू के पास क्यों नहीं जाती, मुझे उल्लू बनाने आयी है। नन्दूबाबू का घोड़ा बारह बजे रात को...।" चीख उठी थी रमपतिया—"पाँचू!... चुप रहो!"

उसी रात रसपिरिया बजाते समय उसकी उँगली टेढ़ी हो गयी थी। मृदंग पर जमनिका दे कर वह परबेस का ताल बजाने लगा। नटुआ ने डेढ़ मात्रा बेताल हो कर प्रवेश किया तो उसका माथा ठनका। परबेस के बाद उसने नटुआ को झिड़की दी—"एस्साला! थप्पड़ों से गाल लाल कर दूँगा।"...और रसपिरिया की पहली कड़ी ही टूट गयी। मिरदंगिया ने ताल को सम्हालने की बहुत चेष्टा की। मृदंग की सूखी चमड़ी जी उठी, दाहिने पूरे पर लावा-फरही फूटने लगे और तल कटते-कटते उसकी उँगली टेढ़ी हो गयी। झूठी टेढ़ी उँगली!...हमेशा के लिए पँचकौड़ी की मंडली टूट गयी। धीरे-धीरे इलाके से विद्यापति-नाच ही उठ गया। अब तो कोई भी विद्यापति की चर्चा भी नहीं करते हैं।...धूप-पानी से परे, पँचकौड़ी

का शरीर ठंडी महफिलों में ही पनपा था...बेकार जिन्दगी में मृदंग ने बड़ा काम दिया। बेकारी का एकमात्र सहारा—मृदंग!

एक युग से वह गले में मृदंग लटका कर भीख माँग रहा है—धा-तिंग, धा-तिंग!

वह एक आम उठा कर चूसने लगा—लेकिन, लेकिन,...लेकिन...मोहना को डायन की बात कैसे मालूम हुई?

उँगली टेढ़ी होने की खबर सुन कर रमपतिया दौड़ी आयी थी, घंटों उँगली को पकड़ कर रोती रही थी—"हे दिनकर, किसने इतनी बड़ी दुश्मनी की? उसका बुरा हो।...मेरी बात लौटा दो भगवान! गुस्से में कही हुई बातें। नहीं, नहीं। पाँचू, मैंने कुछ भी नहीं किया है। जरूर किसी डायन ने बान मार दिया है।"

मिरदंगिया ने आँखें पोंछते हुए सूरज की ओर देखा।...इस मृदंग को कलेजे से सटा कर रमपतिया ने कितनी रातें काटी हैं!...मिरदंग को उसने अपने छाती से लगा लिया।

पेड़ की डाली पर बैठी हुई चील ने उड़ते हुए जोड़े से कहा—टिं-टिं-हिं...!

'एस्साला!' उसने चील को गाली दी। तम्बाकू चुनिया कर मुँह में डाल ली और मृदंग के पूरे पर उँगलियाँ नचाने लगा—धिरिनागि, धिरिनागि, धिरिनागि-धिनता!

पूरी जमनिका वह नहीं बजा सका। बीच में ही ताल टूट गया।

अ...-कि-हे-ए-ए-हा-आआ-ह-हा!

सामने झरबेरी के जंगल के उस पार किसी ने सुरीली आवाज में, बड़े समारोह के साथ रसप्रिया की पदावली उठाई—

'न-व-वृंदा-वन, न-व-न-व-तरु-ग-न, न-व-नव विकसित फूल...'

मिरदंगिया के सारे शरीर में एक लहर दौड़ गयी उसकी उँगलियाँ स्वयं ही मृदंग के पूरे पर थिरकने लगीं। गाय-बैलों के झुंड दोपहर की उतरती छाया में आ कर जमा होने लगे।

खेतों में काम करनेवालों ने कहा, "पागल है। जहाँ जी चाहा, बैठ कर बजाने लगता है।"

"बहुत दिन के बाद लौटा है।"

"हम तो समझते थे कि कहीं मर-खप गया।"

रसप्रिया की सुरीली रागिनी ताल पर आ कर कट गयी। मिरदंगिया का पागलपन अचानक बढ़ गया। वह उठ कर दौड़ा। झरबेरी की झाड़ी के उस

पार कौन है? कौन है यह शुद्ध रसप्रिया गानेवाला? इस ज़माने में रसप्रिया का रसिक...? झाड़ी में छिप कर मिरदंगिया ने देखा, मोहना तन्मय होकर दूसरे पद की तैयारी कर रहा है। गुनगुनाहट बन्द करके उसने गले को साफ किया। मोहना के गले में राधा आ कर बैठ गयी है!...क्या बन्दिश है!

'न-वी-वह नयनक नी...र!

आहो...पललि बहए ताहि ती...र!'

मोहना बेसुध होकर गा रहा था। मृदंग के बोल पर वह झूम-झूम कर गा रहा था। मिरदंगिया की आँखें उसे एकटक निहार रही थीं और उसकी उँगलियाँ फिरकी की तरह नाचने को व्याकुल हो रही थीं।...चालीस वर्ष का अधपागल युगों के बाद भावावेश में नाचने लगा।...रह-रह कर वह अपनी विकृत आवाज में पदों की कड़ी धड़ता—फोंय-फोंय, सोंय-सोंय!

धिरिनागि-धिनता!

'दुहु रस...म...य तनु-गुने नहीं ओर।

लागल दुहुक न भाँगय जो-र।'

मोहना के आधे काले और आधे लाल होंठों पर नयी मुस्कराहट दौड़ गयी। पद समाप्त। करते हुए वह बोला, "इस्स! टेढ़ी उँगली पर भी इतनी तेजी?"

मोहना हाँफने लगा। उसकी छाती की हड्डियाँ!

...उफ! मिरदंगिया धम्म से जगीन पर बैठ गया—"कमाल! कमाल!...किससे सीखे? कहाँ सीखी तुमने पदावली? कौन है तुम्हारा गुरु?"

मोहना ने हँस कर जवाब दिया, "सीखूँगा कहाँ? माँ तो रोज गाती है।... प्रातकी मुझे बहुत याद है, लेकिन अभी तो उसका समय नहीं।"

"हाँ बेटा! बेताले के साथ कभी मत गाना-बजाना। जो कुछ भी है, सब चला जायेगा।...समय-कुसमय का भी खयाल रखना। लो, अब आम खालो।"

मोहना बेझिझक आम ले कर चूसने लगा।

"एक और लो।"

मोहना ने तीन आम खाये और मिरदंगिया के विशेष आग्रह पर दो मुट्ठी मूढ़ी भी फाँक गया।

"अच्छा, अब एक बात बताओगे मोहना! तुम्हारे माँ-बाप क्या करते हैं?"

"बाप नहीं है, अकेली माँ है। बाबू लोगों के घर कुटाई-पिसाई करती है।"

"और तुम नौकरी करते हो! किसके यहाँ?"

"कमलपुर के नन्दूबाबू के यहाँ।"

"नन्दूबाबू के यहाँ?"

मोहना ने बताया उसका घर सहरसा में है। तीसरे साल सारा गाँव कोसी मैया के पेट में चला गया। उसकी माँ उसे लेकर अपने ममहर आयी है...कमलपुर।

"कमलपुर में तुम्हारी माँ के मामू रहते हैं?"

मिरदंगिया कुछ देर तक चुपचाप सूर्य की ओर देखता रहा।...नन्दूबाबू–मोहना–मोहना की माँ!

"डायनवाली बात तुम्हारी माँ कह रही थी?"

"हाँ।"

"और एक बार सामदेव झा के यहाँ जनेऊ में तुमने गिरधर-पट्टी मडंलीवालों का मिरदंग छीन लिया था।...बेताला बजा रहा था। ठीक है न?"

मिरदंगिया की खिचड़ी दाढ़ी मानो अचानक सफेद हो गयी। उसने अपने को सम्हाल कर पूछा, "तुम्हारे बाप का नाम क्या है?"

"अजोधादास!"

"अजोधादास?"

बूढ़ा अजोधादास, जिसके मुँह में न बोल, न आँख में लोर।...मंडली में गठरी ढोता था। बिना पैसा का नौकर बेचारा अजोधादास!

"बड़ी सयानी है तुम्हारी माँ।" एक लम्बी साँस लेकर मिरदंगिया ने अपनी झोली से एक छोटा बटुआ निकाला। लाल-पीले कपड़ों के टुकड़ों को खोल कर कागज की एक पुड़िया निकाली उसने।

मोहना ने पहचान लिया–"लोट? क्या है, लोट?"

"हाँ, नोट है।"

"कितने रुपये वाला है? पचटकिया। ऐं...दसटकिया? जरा छूने दोगे? कहाँ से लाये?" मोहना एक ही साँस में सब कुछ पूछ गया, "सब दसटकिया हैं?"

"हाँ, सब मिला कर चालीस रुपये हैं।" मिरदंगिया ने एक बार इधर-उधर निगाहें दौड़ाई, फिर फुसफुसा कर बोला, "मोहना बेटा! फारबिसगंज के डागडरबाबू को देकर बढ़िया दवा लिखा लेना।...खट्ट-मिट्ठा परहेज करना।...गरम पानी जरूर पीना।"

"रुपये मुझे क्यों देते हो?"

"जल्दी रख ले, कोई देख लेगा।"

मोहना ने भी एक बार चारों ओर नजर दौड़ाई। उसके होंठों की कालिख और गहरी हो गयी।

मिरदंगिया बोला, "बीड़ी-तम्बाकू भी पीते हो? खबरदार!"

वह उठ खड़ा हुआ।

मोहना ने रुपये ले लिए।

"अच्छी तरह गाँठ बाँध ले। माँ से कुछ मत कहना।"

"और हाँ, यह भीख का पैसा नहीं। बेटा, यह मेरी कमाई के पैसे हैं। अपनी कमाई के...।"

मिरदंगिया ने जाने के लिए पाँव बढ़ाया।

"मेरी माँ खेत में घास काट रही है। चलो न!" मोहना ने आग्रह किया।

मिरदंगिया रुक गया। कुछ सोच कर बोला, "नहीं मोहना! तुम्हारे-जैसा गुणवान बेटा पा कर तुम्हारी माँ 'महारानी' हैं, मैं महाभिखारी दसदुआरी हूँ। जाचक, फकीर...! दवा से जो पैसे बचें, उसका दूध पीना।"

मोहना की बड़ी-बड़ी आँखें कमलपुर के नन्दूबाबू की आँखों-जैसी हैं...।

"रे-मो-ह-ना-रे-हे! बैल कहाँ हैं रे?"

"तुम्हारी माँ पुकार रही है शायद।"

"हाँ। तुमने कैसे जान लिया?"

"रे-मोहना-रे-हे!"

एक गाय ने सुर-में-सुर मिला कर अपने बछड़े को बुलाया।

गाय-बैलों के घर लौटने का समय हो गया। मोहना जानता है, माँ बैल हाँक कर ला रही होगी। झूठ-मूठ उसे बुला रही है। वह चुप रहा।

"जाओ।" मिरदंगिया ने कहा, "माँ बुला रही है। जाओ।...अब से मैं पदावली नहीं, रसपिरिया नहीं, निरगुन गाऊँगा। देखो, मेरी उँगली शायद सीधी हो रही है। शुद्ध रसपिरिया कौन गा सकता है आजकल?..."

"अरे, चलू मन, चलू मन-ससुरार जइवे हो रामा,
कि आहो रामा,
नैहिरा में अगिया लगायब रे-की...।"

खेतों की पगडंडी, झरबेरी के जंगल के बीच होकर जाती है। निरगुन गाता हुआ मिरदंगिया झरबेरी की झाड़ियों में छिप गया।

"ले। यहाँ अकेला खड़ा होकर क्या करता है?" कौन बजा रहा था मृदंग रे?' घास का बोझा सिर पर ले कर मोहना की माँ खड़ी है।

"पँचकौड़ी मिरदंगिया।"

"ऐं, वह आया है? आया है वह?" उसकी माँ ने बोझ जमीन पर पटकते हुए पूछा।

"मैंने उसके ताल पर रसपिरिया गाया है। कहता था, इतना शुद्ध रसपिरिया कौन गा सकता है आजकल!...उसकी उँगली अब ठीक हो जायेगी।"

माँ ने बीमार मोहना को आह्लाद से अपनी छाती से सटा लिया।

"लेकिन तू तो हमेशा उसकी टोकरी-भर शिकायत करती थी—बेईमान है, गुरु-दरोही है, झूठा है!"

"है तो! वैसे लोगों की संगत ठीक नहीं। खबरदार, जो उसके साथ फिर कभी गया! दसदुआरी जाचकों से हेलमेल करके अपना ही नुकसान होता है।...चल, उठा बोझ!"

मोहना ने बोझ उठाते समय कहा, "जो भी हो, गुनी आदमी के साथ रसपिरिया...।"

"चौप! रसपिरिया का नाम मत ले।"

अजीब है माँ! जब गुस्सायेगी तो वाघिन की तरह और जब खुश होती है तो गाय की तरह हुंकारती आयेगी और छाती से लगा लेगी। तुरत खुश, तुरत नाराज...

दूर से मृदंग की आवाज़ आयी—धा-तिंग, धा-तिंग!

मोहना की माँ खेत की ऊबड़-खाबड़ मेंड़ पर चल रही थी। ठोकर खा कर गिरते-गिरते बची। घास का बोझ गिर कर खुल गया। मोहना पीछे-पीछे मुँह लटका कर जा रहा था। बोला, "क्या हुआ, माँ?"

"कुछ नहीं।"

धा-तिंग, धा-तिंग!

मोहना की माँ खेत की मेंड़ पर बैठ गयी। जेठ की शाम से पहले जो पुरवैया चलती है, धीरे-धीरे तेज हो गयी...मिट्टी की सुगन्ध हवा में धीरे-धीरे घुलने लगी।

धा-तिंग, धा-तिंग!

"मिरदंगिया और कुछ बोलता था, बेटा?" मोहना की माँ आगे कुछ बोल न सकी।

"कहता था, तुम्हारे-जैसा गुणवान बेटा..."

"झूठा, बेईमान!" मोहना की माँ आँसू पोंछ कर बोली, "ऐसे लोगों की संगत कभी मत करना।"

मोहना चुपचाप खड़ा रहा।

अज्ञेय

सच्चिदानन्द हीरानन्द वात्स्यायन 'अज्ञेय' का जन्म उत्तर प्रदेश के देवरिया जिले के कसिया गाँव के पुरातत्त्व विभाग के एक खुदाई शिविर में सन् 1911 ई. में हुआ था। उन्होंने बी.एस-सी. के बाद एम.ए. किया। अपने विद्यार्थी-जीवन में ही ये क्रान्तिकारियों के सम्पर्क में आये और 'हिन्दुस्तान रिपब्लिकन पार्टी' के सदस्य बन गये। अंग्रेज़ सरकार विरोधी गतिविधियों के लिए इन्हें कई साल जेल में भी रहना पड़ा। सन् 1943 में वे एक कैप्टन के रूप में कोहिमा फ्रण्ट पर तैनात किये गये थे। स्वतन्त्रता के बाद कुछ समय तक इन्होंने भारत सरकार के रेडियो के समाचार विभाग में काम किया। तत्पश्चात् इन्होंने कैलिफोर्निया विश्वविद्यालय में भारतीय संस्कृति का अध्यापन कार्य किया। इन्होंने 'विशाल भारत', 'दिनमान', 'नया प्रतीक', 'थाट' तथा 'नवभारत टाइम्स' का सम्पादन कार्य भी कुछ वर्षों तक किया। 'आँगन के पार द्वार' पर इन्हें साहित्य अकादमी का तथा 'कितनी नावों में कितनी बार' पर इन्हें भारतीय ज्ञानपीठ का पुरस्कार मिला है। ये समर्थ कवि, कुशल उपन्यासकार, कहानी-लेखक तथा निबन्धकार हैं।

हिन्दी की छायावादोत्तर कविता के प्रमुख हस्ताक्षरों में से एक अज्ञेय प्रयोगवाद तथा नयी कविता के प्रवर्तक हैं। इन्होंने क्रमशः 'तार सप्तक', 'दूसरा सप्तक', 'तीसरा सप्तक' तथा 'चौथा सप्तक' का सम्पादन किया।

अज्ञेय अभिजातवर्गीय साहित्यकार हैं। उनकी कविता में अकेलेपन का वैभव तथा रोमांटिक व्यक्तिवादी विद्रोह मिलता है। मूल रूप से ये प्रेम और प्रकृति के कवि हैं। क्षणवाद, भोगवाद तथा युगजीवन की घटनाओं की प्रतिध्वनियाँ नये प्रतीकों और नये बिम्बों में ढलकर इनके काव्य को समृद्ध करती हैं।

अज्ञेय ने अपने प्रसिद्ध उपन्यास 'शेखर एक जीवनी' में मनोविश्लेषण की सर्वथा नवीन शैली अपनाते हुए मानव मस्तिष्क पर प्रत्येक क्षण पड़ने वाले असंख्य संस्कारों और उनसे उत्पन्न होने वाले विचार-तरंगों को निरूपित किया

है। बाह्य दृष्टि से अत्यन्त सामान्य दिखने वाली बातें भी जल में फेंकी कंकड़ी के समान मन में विचार लहरियाँ उठा देती हैं जिनका व्यक्तित्व पर गहरा प्रभाव पड़ता है, इस मनोवैज्ञानिक तथ्य को शेखर की जीवनी से भली प्रकार समझा जा सकता है।

प्रमुख रचनाएँ

कविता : इत्यलम, बावरा अहेरी, हरी घास पर क्षण भर, आँगन के पार द्वार।

उपन्यास : शेखर : एक जीवनी, नदी के द्वीप।

निबन्ध : आत्मनेपद।

यात्रा-वर्णन : सहसा एक बूँद उछली।

अज्ञेय का निधन 1987 ई. में हुआ।

हीली-बोन् की बत्तखें

अज्ञेय

(1)

हीली-बोन् ने बुहारी देने का ब्रुश पिछवाड़े के बरामदे के जंगल से टेक कर रखा और पीठ सीधी करके खड़ी हो गयी। उसकी थकी-थकी-सी आँखें पिछवाड़े के गीली लाल मिट्टी के काई-ढके किन्तु साफ-फर्श पर टिक गयीं। काई जैसे लाल मिट्टी को दीखने दे कर भी एक चिकनी झिल्ली से उसे छाये हुए थी; वैसे ही होली-बोन् की आँखों पर भी कुछ छा गया जिसके पीछे आँगन के चारों ओर तरतीब से सजे हुए जरेनियम के गमलों, दो रंगीन बेंत की कुरसियों और रस्सी पर टँगे हुए तीन-चार धुले हुए कपड़ों की प्रतिच्छवि रह कर भी न रही। और कोई और गहरे देखता तो अनुभव करता कि सहसा उसके मन पर भी कुछ शिथिल और तंद्रामय छा गया है, जिससे उसकी इन्द्रियों की ग्रहणशीलता तो ज्यों-की-त्यों रही है पर गृहीत छाप को मन तक पहुँचाने और मन को उद्वेलित करने की प्रणालियाँ रुद्ध हो गयी हैं।

किन्तु हठात् वह चेहरे का चिकना बुझा हुआ भाव खुरदुरा होकर तन आया, इन्द्रियाँ सजग हुईं, दृष्टि और चेतना केन्द्रित, प्रेरणा प्रबल—हीली-बोन् के मुँह से एक हल्की-सी चीख निकली और वह बरामदे से दौड़ कर आँगन पार करके एक ओर बने हुए छोटे-से बाड़े पर पहुँची; वहाँ उसने बाड़े का किवाड़ खोला और फिर ठिठक गयी। एक और हल्की-सी चीख उसके मुँह से निकल रही थी, पर वह अध-बीच में ही रव-हीन हो कर एक सिसकती-सी लम्बी साँस बन गयी।

पिछवाड़े से कुछ ऊपर की तरफ पहाड़ी रास्ता था; उस पर चढ़ते हुए व्यक्ति ने वह अनोखी चीख सुनी और रुक गया। मुड़ कर उसने हीली-बोन् की ओर देखा, कुछ झिझका, फिर जरा बढ़ कर बाड़े के बीच के छोटे-से बाँस के फाटक

को ठेलता हुआ भीतर आया और विनीत भाव से बोला, "खू-ब्लाई!"

हीली-बोन् चौंकी। 'खू-ब्लाई' खासिया भाषा का 'राम-राम' है, किन्तु यह उच्चारण परदेसी है और स्वर अपरिचित—यह व्यक्ति कौन है? फिर भी खासिया जाति के सुलभ आत्मविश्वास के साथ तुरंत सँभलकर और मुस्कराकर उसने उत्तर दिया, "खू-ब्लाई!" और क्षण भर रुककर फिर कुछ प्रश्न-सूचक स्वर में कहा, "आइए! आइए!"

आगंतुक ने पूछा, "मैं आपकी कुछ मदद कर सकता हूँ? अभी चलते-चलते—शायद कुछ—"

"नहीं, वह कुछ नहीं"—कहते-कहते हीली का चेहरा फिर उदास हो आया। "अच्छा, आइए देखिए।"

बाड़े की एक ओर आठ-दस बत्तखें थीं। बीचोंबीच फर्श रक्त से स्याह हो रहा था और आस-पास बहुत-से पंख बिखर रहे थे। फर्श पर जहाँ-तहाँ पंजों और नाखूनों की छापें थीं।

आगंतुक ने कहा, "लोमड़ी।"

"हाँ। यह चौथी बार है। इतने बरसों में कभी ऐसा नहीं हुआ था; पर अब दूसरे तीसरे दिन एक-आध बत्तख मारी जाती है और कुछ उपाय नहीं सूझता। मेरी बत्तखों पर मंडल के सारे गाँव ईर्ष्या करते थे—स्वयं 'सियेम' के पास भी ऐसा बढ़िया झुंड नहीं था! पर अब—" हीली चुप हो गयी।

आगंतुक भी थोड़ी देर चुपचाप फर्श को और बत्तखों को देखता रहा। फिर उसने एक बार सिर से पैर तक हीली को देखा और मानो कुछ सोचने लगा। फिर जैसे निर्णय करता हुआ बोला, "आप ढिठाई न समझें तो एक बात कहूँ?"

"कहिए।"

"मैं यहाँ छुट्टी पर आया हूँ और कुछ दिनों नाङ् थ्लेम ठहरना चाहता हूँ। शिकार का मुझे शौक है। अगर आप इजाजत दें तो मैं इस डाकू की घात में बैठूँ—" फिर हीली की मुद्रा देख कर जल्दी से, "नहीं, मुझे कोई कष्ट नहीं होगा, मैं तो ऐसा मौका चाहता हूँ। आपके पहाड़ बहुत सुन्दर हैं, लेकिन लड़ाई से लौटे हुए सिपाही को छुट्टी में कुछ शगल चाहिए।"

"आप ठहरे कहाँ हैं?"

"बँगले में! कल आया था, पाँच-छः दिन रहूँगा। सवेरे-सवेरे घूमने निकला था, इधर ऊपर जा रहा था कि आपकी आवाज सुनी। आपका मकान बहुत साफ और सुन्दर है—"

हीली ने एक रूखी-सी मुस्कान के साथ कहा, "हाँ कोई कचरा फैलाने वाला जो नहीं है! मैं यहाँ अकेली रहती हूँ।"

आगंतुक ने फिर हीली को सिर से पैर तक देखा। एक प्रश्न उसके चेहरे पर झलका, किन्तु हीली की शालीन और अपने में सिमटी-सी मुद्रा ने जैसे उसे पूछने का साहस नहीं दिया। उसने बात बदलते हुए कहा, "तो आपकी इजाजत है न? मैं रात को बन्दूक लेकर आऊँगा। अभी इधर आस-पास देख लूँ कि कैसी जगह है और फिर किधर से किधर गोली चलायी जा सकती है।"

"आप शौकिया आते हैं तो जरूर आइए। मैं इधर को खुलने वाला कमरा आपको दे सकती हूँ–" कहकर उसने घर की ओर इशारा किया।

"नहीं नहीं, मैं बरामदे में बैठ लूँगा–"

"यह कैसे हो सकता है? रात को आँधी बारिश आती है। तभी तो मैं कुछ सुन नहीं सकी रात! वैसे आप चाहें तो बरामदे में आरामकुरसी भी डलवा दूँगी। कमरे में सब सामान है।" हीली कमरे की ओर बढ़ी, मानो कह रही हो, "देख लीजिए।"

"आपका नाम पूछ सकता हूँ?"

"हीली-बोन् यिर्वा। मेरे पिता सियेम के दीवान थे।"

"बड़ी खुशी हुई। आइए–अन्दर बैठेंगे।"

"धन्यवाद–अभी नहीं। आपकी अनुमति हो तो शाम को आऊँगा। खू-ब्लाई–"

हीली कुछ रुकते स्वर में बोली, "खू-ब्लाई।" और बरामदे में मुड़ कर खड़ी हो गयी। कैप्टन दयाल बाड़े में-से बाहर होकर रास्ते पर हो लिए और ऊपर चढ़ने लगे, जिधर नयी धूप में चीड़ की हरियाली दुरंगी हो रही थी और बीच-बीच में बुरूस के गुच्छे-गुच्छे गहरे लाल फूल मानो कह रहे थे, पहाड़ के भी हृदय है।

(2)

दिन में पहाड़ की हरियाली काली दीखती है, ललाई आग-सी दीप्त; पर साँझ के आलोक में जैसे लाल ही पहले काला पड़ जाता है। हीली देख रही थी; बुरूस के वे इक्के-दुक्के गुच्छे न जाने कहाँ अन्धकार-लीन हो गये हैं, जबकि चीड़ के वृक्षों के आकार अभी एक-दूसरे से अलग स्पष्ट पहचाने जा सकते हैं। क्यों रंग ही पहले बुझता है, फूल ही पहले ओझल होते हैं, जबकि परिपार्श्व की एकरूपता बनी रहती है?

हीली का मन उदास होकर अपने में सिमट आया। सामने फैला हुआ नाङ्-थ्लेम का पर्वतीय सौंदर्य जैसे भाप बन कर उड़ गया; चीड़ और बुरूस, चट्टानें, पूर्वपुरुषों और स्त्रियों की खड़ी और पड़ी स्मारक शिलाएँ, घास की टीलों-सी लहरें, दूर नीचे पहाड़ी नदी का ताम्र-मुकुर, मखमली चादर में रेशमी डोरे-सी झलकती हुई पगडंडी—सब मूर्त्त आकार पीछे हटकर तिरोहित हो गये। हीली की खुली आँखें भीतर की ओर को ही देखने लगीं—जहाँ भावनाएँ ही साकार थीं और अनुभूतियाँ ही मूर्त्त...

हीली के पिता उस छोटे-से मांडलिक राज्य के दीवान रहे थे। हीली तीन संतानों में सबसे बड़ी थी और अपनी दोनों बहनों की अपेक्षा अधिक सुन्दर भी। खासियों का जाति-संगठन स्त्री-प्रधान है; सामाजिक सत्ता स्त्री के हाथों में है और वह अनुशासन में चलती नहीं, अनुशासन को चलाती हैं। हीली भी मानो नाङ्-थ्लेम की अधिष्ठात्री थी। 'नाङ्क्रेम' के नृत्योत्सव में, जब सभी मंडलों के स्त्री-पुरुष खासिया जाति के अधिदेवता नगाधिपति की बलि देते थे और उसके मर्त्य प्रतिनिधि अपने 'सियेम' का अभिनन्दन करते थे, तब नृत्यमंडली में हीली मौन सर्वसम्मति से नेत्री हो जाती थी, और स्त्री-समुदाय उसी का अनुसरण करता हुआ झूमता था, इधर और उधर, आगे और दाएँ और पीछेण्ण्नृत्य में अंग-संचालन की गति न द्रुत थी न विस्तीर्ण; लेकिन कंपन ही सही, सिहरन ही सही, वह थी तो उसके पीछे-पीछे; सारा समुद्र उसकी अंग-भंगिमा के साथ लहरें लेता था...

एक नीरस-सी मुसकान हीली के चेहरे पर दौड़ गयी। वह कई बरस पहले की बात थी...अब वह चौंतीसवाँ वर्ष बिता रही है; उसकी दोनों बहनें ब्याह करके अपने-अपने घर रहती हैं; पिता नहीं रहे और स्त्री-सत्ता के नियम के अनुसार उनकी सारी सम्पत्ति सबसे छोटी बहन को मिल गयी। हीली के पास है यही एक कुटिया और छोटा-सा बगीचा—देखने में आधुनिक साहबी ढंग का बंगला, किन्तु उस काँच और परदों के आडम्बर को सँभालने वाली इमारत वास्तव में क्या है? टीन की चादर से छूता हुआ चीड़ का चौखटा, नरसल की चटाई पर गारे का पलस्तर और चारों ओर जरेनियम, जो गमले में लगा लो तो फूल हैं, नहीं तो निरी जंगली बूटी...

यह कैसे हुआ कि वह, 'नाङ्-क्रेम' की रानी, आज अपने चौंतीसवें वर्ष में इस कुटी के जरेनियम के गमले सँवारती बैठी है, और अपने जीवन में ही नहीं, अपने सारे गाँव में अकेली है?

अभिमान? स्त्री का क्या अभिमान! और अगर करे ही तो कनिष्ठा करे जो

उत्तराधिकारिणी होती है—वह तो सब से बड़ी थी, केवल उत्तरदायिनी! हीली के ओठ एक विद्रूप की हँसी से कुटिल हो आये। युद्ध की अशान्ति के इन तीर-चार वर्षों में कितने ही अपरिचित चेहरे दीखे थे, अनोखे रूप; उल्लसित; उछ्वसित, लोलुप, गर्वित, याचक, पाप-संकुचित, दर्प-स्फीत मुद्राएँ...और वह जानती थी कि इन चेहरों और मुद्राओं के साथ उसके गाँव की कई स्त्रियों के सुख-दुःख, तृप्ति और अशान्ति, वासना और वेदना, आकांक्षा और संताप उलझ गये थे, यहाँ तक कि वहाँ के वातावरण में एक पराया और दूषित तनाव आ गया था। किन्तु वह उससे अछूती ही रही थी। यह नहीं कि उसने इसके लिए कुछ उद्योग किया था या कि उसे गुमान था—नहीं, यह कैसे उसके निकट कभी यथार्थ ही नहीं हुआ था।

लोग कहते थे कि हीली सुन्दर है, पर स्त्री नहीं है। वह बाँबी क्या, जिसमें साँप नहीं बसता?...हीली की आँखें सहसा और भी घनी हो आयीं—नहीं, इससे आगे वह नहीं सोचना चाहती। व्यथा मर कर भी व्यथा से अन्य कुछ हो जाती है? बिना साँप की बाँबी—अपरूप, अनर्थक मिट्टी का ढूह! यद्यपि, वह याद करना चाहती तो याद करने को कुछ था—बहुत कुछ था—प्यार उसने पाया था और उसने सोचा भी था कि—

नहीं, कुछ नहीं सोचा था। जो प्यार करता है, जो प्यार पाता है, वह क्या कुछ सोचता है? सोच सब बाद में होता है, जब सोचने को कुछ नहीं होता।

और अब वह बत्तखें पालती है। इतनी बड़ी, इतनी सुन्दर बत्तखें खासिया प्रदेश में और नहीं हैं। उसे विशेष चिन्ता नहीं है, बत्तखों के अंडों से इस युद्धकाल में चार-पाँच रुपये रोज की आमदनी हो जाती है, और उसका खर्च ही क्या है? वह अच्छी है, सुखी है, निश्चिन्त है—

लोमड़ी...किन्तु वह कुछ दिन की बात है—उसका तो उपाय करना ही होगा। वह फौजी अफसर जरूर उसे मार देता—नहीं तो कुछ दिन बाद थेड्-क्यू के इधर आने पर वह उसे कहेगी कि तीर से मार दे या जाल लगा दे...कितनी दुष्ट होती है लोमड़ी—क्या रोज दो-एक बत्तख खा सकती है? व्यर्थ का नुकसान—सभी जंतु जरूरत से ज्यादा घेर लेते और नष्ट करते हैं—

बरामदे के काठ के फर्श पर पैरों की चाप सुनकर उसका ध्यान टूटा। कैप्टन दयाल ने एक छोटा-सा बेग नीचे रखते हुए कहा, "लीजिए, मैं आ गया।" और कन्धे से बन्दूक उतारने लगे।

"आपका कमरा तैयार है। खाना खायेंगे?"

"धन्यवाद--नहीं। मैं खा आया। रात काटने को कुछ ले भी आया बेग में! मैं जरा मौका देख लूँ, अभी आता हूँ। आपको नाहक तकलीफ दे रहा हूँ लेकिन--"

हीली ने व्यंग्यपूर्वक हँसकर कहा, "इस घर में न सही, पर खासिया घरों में अकसर पलटनिया अफसर आते हैं--यह नहीं हो सकता कि आपको बिल्कुल मालूम न हो।"

कैप्टन दयाल खिसिया-से गये। फिर धीरे-धीरे बोले, "नीचे वालों ने हमेशा पहाड़ वालों के साथ अन्याय ही किया है। समझ लीजिए कि पातालवासी शैतान देवताओं से बदला लेना चाहते हैं।"

"हम लोग मानते हैं कि पृथ्वी और आकाश पहले एक थे--पर दोनों को जोड़ने वाली धमनी इंसान ने काट दी। तब से दोनों अलग हैं और पृथ्वी का घाव नहीं भरता।"

"ठीक तो है।"

कैप्टन दयाल बाड़े की ओर चले गये। हीली ने भीतर आकर लैंप जलाया और बरामदे में लाकर रख दिया; फिर दूसरे कमरे में चली गयी।

(3)

रात में दो-अढाई बजे बन्दूक की 'धाँय!' सुनकर हीली जागी, और उसने सुना कि बरामदे में कैप्टन दयाल कुछ खटर-पटर कर रहे हैं। शब्द से ही उसने जाना कि वह बाहर निकल गये हैं और थोड़ी देर बाद लौट आये हैं। तब वह उठी नहीं; लोमड़ी जरूर मर गयी होगी और उसे सवेरे भी देखा जा सकता है, यह सोच कर फिर सो रही।

किन्तु पौ फटते-न-फटते वह फिर जागी। खासिया प्रदेश के बंगलों की दीवारें असल में तो केवल काठ के परदे ही होते हैं; हीली ने जाना कि दूसरे कमरे में कैप्टन दयाल जाने की तैयारी कर रहे हैं। तब वह भी जल्दी से उठी, आग जला कर चाय का पानी रख, मुँह-हाथ धोकर बाहर निकली। क्षण-भर अनिश्चय के बाद वह बत्तखों के बाड़े की तरफ जाने को ही थी कि कैप्टन दयाल ने बाहर निकलते हुए कहा, "खू-ब्लाई, मिस यिर्वा; शिकार जख्मी तो हो गया पर मिला नहीं, अब खोज में जा रहा हूँ।"

"अच्छा? कैसे पता लगा?"

"खून के निशानों से, जख्म गहरा ही हुआ है—घिसट कर चलने के निशान साफ दीखते थे। अब तक बचा नहीं होगा—देखना यही है कि कितनी दूर गया होगा।"

"मैं भी चलूँगी। उस डाकू को देखूँ तो—" कहकर हीली लपककर एक बड़ी 'डाओ' उठा लायी और चलने को तैयार हो गयी।

खून के निशान चीड़ के जंगल को छूकर एक ओर मुड़ गये, जिधर ढलाव था और आगे जरैंत की झाड़ियाँ, जिनके पीछे एक छोटा-सा झरना बहता था। हीली ने उसका जल कभी देखा नहीं था, केवल कल-कल शब्द ही सुना था—जरैंत का झुरमुट उसे बिल्कुल छाए हुए था। निशान झुरमुट तक आ कर लुप्त हो गये थे।

कैप्टन दयाल ने कहा, "इसके अन्दर घुसना पड़ेगा। आप यहीं ठहरिए।"

"उधर ऊपर से शायद खुली जगह मिल जाये—वहाँ से पानी के साथ-साथ बढ़ा जा सकेगा—" कहकर हीली बायें को मुड़ी और कैप्टन दयाल साथ हो लिए।

सचमुच कुछ ऊपर जाकर झाड़ियाँ कुछ विरल हो गयी थीं और उनके बीच में घुसने का रास्ता निकाला जा सकता था। यहाँ कैप्टन दयाल आगे हो लिए, अपनी बन्दूक के कुंदे से झाड़ियाँ इधर-उधर ठेलते हुए रास्ता बनाते चले। पीछे-पीछे हीली हटायी हुई लचकीली शाखाओं के प्रत्याघात को अपनी डाओ से रोकती हुई चली।

कुछ आगे चल कर झरने का पाट चौड़ा हो गया—दोनों ओर ऊँचे और आगे झुके हुए करारे, जिनके ऊपर जरैंत और हाली की झाड़ी इतनी घनी छायी हुई कि भीतर अँधेरा हो, परन्तु पाट चौड़ा होने से मानो इस आच्छादन के बीच में एक सुरंग बन गयी थी जिसमें आगे बढ़ने में विशेष असुविधा नहीं होती थी।

कैप्टन दयाल ने कहा, "यहाँ फिर खून के निशान हैं—शिकार पानी में से इधर घिसट कर आया है।"

हीली ने मुँह उठाकर हवा को सूँघा, मानों सीलन और जरैंत की तीव्र गंध के ऊपर और किसी गंध को पहचान रही हो। बोली, "यहाँ तो जानवर की—"

हठात् कैप्टन दयाल ने तीखे फुसफुसाते स्वर से कहा, "देखो—श्-श्!"

ठिठकने के साथ उनकी बाँह ने उठकर हीली को भी जहाँ-का-तहाँ रोक दिया।

अन्धकार में कई-एक जोड़े अंगारे-से चमक रहे थे।

हीली ने स्थिर दृष्टि से देखा। करारे में मिट्टी खोद कर बनायी हुई खोह

में—या कि खोह की देहरी पर—नर लोमड़ी का प्राणहीन आकार दुबका पड़ा था—कास के फूल की झाड़-सी पूँछ उसकी रानों को ढँक रही थी जहाँ गोली का जख्म होगा। भीतर शिथिल-गात लोमड़ी उस शव पर झुकी खड़ी थी, शव के सिर के पास मुँह किये मानो उसे चाटना चाहती हो और फिर सहमकर रुक जाती हो। लोमड़ी के पाँवों से उलझते हुए तीन छोटे-छोटे बच्चे कुनमुना रहे थे। उस कुनमुनाने में भूख की आतुरता नहीं थी; न वे बच्चे लोमड़ी के पेट के नीचे घुसड़-पुसड़ करते हुए भी उसके थनों को ही खोज रहे थेण्ण्णमाँ और बच्चों में किसी को ध्यान नहीं था कि गैर और दुश्मन की आँखें उस गोपन घरेलू दृश्य को देख रही हैं।

कैप्टन दयाल ने धीमे स्वर से कहा, "यह भी तो डाकू होगी—"

हीली की ओर से कोई उत्तर नहीं मिला। उन्होंने फिर कहा, "इसे भी मार दें—तो बच्चे पाले जा सकें—"

फिर कोई उत्तर न पाकर उन्होंने मुड़कर देखा और अचकचाकर रह गये।

पीछे हीली नहीं थी।

थोड़ी देर बाद, कुछ प्रकृतिस्थ होकर उन्होंने कहा, "अजीब औरत है!" फिर थोड़ी देर वह लोमड़ी को और बच्चों को देखते रहे। तब "उँह, मुझे क्या!" कहकर वह अनमने से मुड़े और जिधर से आये थे उधर ही चलने लगे।

(4)

हीली नंगे पैर ही आयी थी; पर लौटती बार उसने शब्द न करने का कोई यत्न किया हो, ऐसा वह नहीं जानती थी। झुरमुट से बाहर निकलकर वह उन्माद की तेजी से घर की ओर दौड़ी और वहाँ पहुँचकर सीधी बाड़े में घुस गयी। उसके तूफानी वेग से चौंककर बत्तखें पहले तो बिखर गयीं पर जब वह एक कोने में जाकर बाड़े के सहारे टिककर खड़ी अपलक उन्हें देखने लगी तब वे गरदनें लम्बी करके उचकती हुई-सी उसके चारों ओर जुट गयीं और 'क-क्! क-क्' करने लगीं।

वह अधैर्य हीली को छू न सका, जैसे चेतना के बाहर से फिसलकर गिर गया। हीली शून्य दृष्टि से बत्तखों की ओर ताकती रही।

एक ढीठ बत्तख ने गरदन से उसके हाथ को ठेला। हीली ने उसी शून्य दृष्टि से हाथ की ओर देखा। सहसा उसका हाथ कड़ा हो आया, उसकी मुट्ठी डाओ के

हत्थे पर भिंच गयी। दूसरे हाथ से उसने बत्तख का गला पकड़ लिया और दीवार के पास खींचते हुए डाओ के एक झटके से काट डाला।

उसी अनदेखते अचूक निश्चय से उसने दूसरी बत्तख का गला पकड़ा, भिंचे हुए दाँतों से कहा : "अभागिन!" और उसका सिर उड़ा दिया। फिर तीसरी, फिर चौथी, पाँचवींण्ण्ग्यारह बार डाओ उठी और 'खट्' के शब्द के साथ बाड़े का खंभा काँपा; फिर एक बार हीली ने चारों ओर नजर दौड़ायी और बाहर निकल गयी।

बरामदे में पहुँचकर जैसे उसने अपने को सँभालने को खंभे की ओर हाथ बढ़ाया और लड़खड़ाती हुई उसी के सहारे बैठ गयी।

कैप्टन दयाल ने आकर देखा, खंभे के सहारे एक अचल मूर्ति बैठी है जिसके हाथ लथपथ हैं और पैरों के पास खून से रँगी डाओ पड़ी है। उन्होंने घबराकर कहा, "यह क्या, मिस यिर्वा?" और फिर उत्तर न पाकर उसकी आँखों का जड़ विस्तार लक्ष्य करते हुए उसके कन्धे पर हाथ रखते हुए फिर, धीमे-से, "क्या हुआ, हीली–"

हीली कन्धा झटककर, छिटककर परे हटती हुई खड़ी हो गयी और तीखेपन से थर्राती हुई आवाज से बोली, "दूर रहो, हत्यारे!"

कैप्टन दयाल ने कुछ कहना चाहा, पर अवाक् ही रह गये, क्योंकि उन्होंने देखा, हीली की आँखों में वह निर्व्यास सूनापन घना हो आया है जो कि पर्वत का चिरंतन विजन सौंदर्य है।

उषा प्रियंवदा

स्वातन्त्र्योत्तर हिन्दी कहानीकारों में अपना महत्त्वपूर्ण स्थान बनाने वाली सशक्त महिला कथाकार उषा प्रियम्वदा का जन्म कानपुर के एक सम्भ्रान्त परिवार में 24 दिसम्बर, 1930 को हुआ। पिता वकील थे परन्तु असमय ही उनका देहावसान हो जाने से जीवन-संघर्ष आरम्भ हो गया। पिता की मृत्यु के पश्चात इनका पालन पोषण शिब्बनलाल सक्सेना जो इनकी बुआ के बड़े बेटे थे, उनके द्वारा हुआ। उषा प्रियम्वदा की दो और बहनें थीं। इलाहाबाद विश्वविद्यालय से सन् 1952 में अंग्रेज़ी साहित्य में एम.ए. किया। वही से 1955 में प्रेमचन्द के उपन्यासों पर पी-एच.डी. की उपाधि प्राप्त की। दिल्ली व इलाहाबाद विश्वविद्यालय में अध्यापनकार्य किया परन्तु कुछ वर्ष पश्चात अमेरिका चली गयीं और पुनः अध्ययन व अध्यापन के कार्य में व्यस्त हो गयीं। आरम्भ में इनकी कहानियाँ उषा सक्सेना के नाम से प्रकाशित हुई, परन्तु नाम के कारण कुछ भ्रम होने लगा तो उषा प्रियंवदा के नाम से निरन्तर लेखन क्रम जारी रहा।

उषा प्रियंवदा नाम से इनका पहला कहानी-संग्रह 'जिन्दगी और गुलाब के फूल' भारतीय ज्ञानपीठ से प्रकाशित हुआ। इसके पूर्व 'फिर वसन्त आया' नामक कहानी संग्रह केवल उषा नाम से प्रकाशित हुआ था। 'कितना बड़ा झूठ', 'एक कोई दूसरा', 'शून्य तथा अन्य रचानाएँ' तथा 'मेरी प्रिय कहानियाँ', उषा प्रियंवदा के प्रसिद्ध कहानी-संग्रह हैं। उपन्यासों में 'पचपन खम्भे लाल दीवारें', 'रुकोगी नहीं राधिका' तथा 'शेषयात्रा' महत्त्वपूर्ण हैं। महिला कहानीकारों में उषा प्रियंवदा का विशेष स्थान है जिन्होंने मानवीय सम्बन्धों को केन्द्र में रख कर कहानियाँ लिखीं। समाज में परिवर्तन आने से स्त्री की परम्परागत भूमिका को नये रूप में परिभाषित किया। पाश्चात्य शिक्षा के प्रभाव से तथा भौतिकवादी दृष्टि के उत्पन्न होने से परिवार टूटने लगे तथा आपस की आत्मीयता, स्नेह आदि समाप्त हो कर रह गये तथा नये व पुराने जीवनमूल्यों के टकराव से उत्पन्न होने वाले सन्त्रास व पीड़ा को उषा प्रियंवदा अपनी कहानियों में अभिव्यक्ति करती हैं। वास्तव में अपने आस-पास के जीवन की यथार्थ समस्याओं का चित्रण इनकी कहानियों में है। स्वयं नारी होते हुए नारी-मन से अच्छी तरह परिचित हैं अतः नारी-मन की अछूती व अबूझ भावनाओं का चित्रण भी इनकी कहानियों में मिलता है।

वापसी

उषा प्रियंवदा

गजाधर बाबू ने कमरे में जमा सामान पर एक नजर दौड़ाई—दो बक्स, डोलची, बालटी—"यह डिब्बा कैसा है गनेशी?" उन्होंने पूछा। गनेशी बिस्तर बाँधता हुआ, कुछ गर्व, कुछ दुःख, कुछ लज्जा से बोला, "घरवाली ने साथ को कुछ बेसन के लड्डू रख दिये हैं। कहा, बाबूजी को पसन्द हैं, अब कहाँ हम गरीब लोग आपकी कुछ खातिर कर पाएँगे।" घर जाने की खुशी में भी गजाधर बाबू ने एक विषाद का अनुभव किया जैसे एक परिचित, स्नेही, आदरमय, सहज संसार से उनका नाता टूट रहा था।

"कभी-कभी हम लोगों की भी खबर लेते रहियेगा।" गनेशी बिस्तर में रस्सी बाँधता हुआ बोला।

"कभी कुछ जरूरत हो तो लिखना गनेशी। इस अगहन तक बिटिया की शादी कर दो।"

गनेशी ने अँगोछे के छोर से आँखें पोंछीं, "अब आप लोग सहारा न देंगे, तो कौन देगा! आप यहाँ रहते तो शादी में कुछ हौसला रहता।"

गजाधर बाबू चलने को तैयार बैठे थे। रेलवे क्वार्टर का वह कमरा, जिसमें उन्होंने कितने ही वर्ष बिताए थे, उनका सामान हट जाने से कुरूप और नग्न लग रहा था। आँगन में रोपे पौधे भी जान-पहचान के लोग ले गये थे, और जगह-जगह मिट्टी बिखरी हुई थी। पर पत्नी, बाल-बच्चों के साथ रहने की कल्पना में यह बिछोह एक दुर्बल लहर की तरह उठकर विलीन हो गया।

गजाधर बाबू खुश थे, बहुत खुश। पैंतीस साल की नौकरी के बाद वह रिटायर होकर जा रहे थे। इन वर्षों में अधिकांश समय उन्होंने अकेले रहकर काटा था। उन अकेले क्षणों में उन्होंने इसी समय की कल्पना की थी, जब वह अपने परिवार के साथ रह सकेंगे। इसी आशा के सहारे वह अपने अभाव का बोझ ढो

रहे थे। संसार की दृष्टि में उनका जीवन सफल कहा जा सकता था। उन्होंने शहर में एक मकान बनवा लिया था, बड़े लड़के अमर और लड़की कान्ति की शादियाँ कर दी थीं, दो बच्चे ऊँची कक्षाओं में पढ़ रहे थे। गजाधर बाबू नौकरी के कारण प्रायः छोटे स्टेशनों पर रहे, और उनके बच्चे और पत्नी शहर में, जिससे पढ़ाई में बाधा न हो। गजाधर बाबू स्वभाव से बहुत स्नेही व्यक्ति थे और स्नेह के आकांक्षी भी। जब परिवार साथ था, ड्यूटी से लौटकर बच्चों से हँसते-बोलते, पत्नी से कुछ मनोविनोद करते—उन सबके चले जाने से उनके जीवन में गहन सूनापन भर उठा। खाली क्षणों में उनसे घर में टिका न जाता। कवि प्रकृति के न होने पर भी, उन्हें पत्नी की स्नेहपूर्ण बातें याद रहतीं। दोपहर में, गरमी होने पर भी, दो बजे तक आग जलाये रहती और उनके स्टेशन से वापस आने पर गरम-गरम रोटियाँ सेंकती—उनके खा चुकने और मना करने पर भी थोड़ा-सा कुछ और थाली में परोस देती, और बड़े प्यार से आग्रह करती। जब वह, थके-हारे बाहर से आते, तो उनकी आहट पा वह रसोई के द्वार पर निकल आती, और उनकी सलज्ज आँखें मुस्करा उठतीं। गजाधर बाबू को तब हर छोटी बात भी याद आती और वह उदास हो उठतेण्ण्अब कितने वर्षों बाद वह अवसर आया था जब वह फिर उसी स्नेह और आदर के मध्य रहने जा रहे थे।

टोपी उतारकर गजाधर बाबू ने चारपाई पर रख दी, जूते खोलकर नीचे खिसका दिये, अन्दर से रह-रहकर कहकहों की आवाज आ रही थी, इतवार का दिन था और उनके सब बच्चे इकट्ठे होकर नाश्ता कर रहे थे। गजाधर बाबू के सूखे चेहरे पर स्निग्ध मुस्कान आ गयी। उसी तरह मुस्कराते हुए, वह बिना खाँसे अन्दर चले आये। उन्होंने देखा कि नरेन्द्र कमर पर हाथ रखे शायद गत रात्रि की फिल्म में देखे गये किसी नृत्य की नकल कर रहा था, और बसन्ती हँस-हँसकर दुहरी हो रही थी। अमर की बहू को अपने तन-बदन, आँचल या घूँघट का कोई होश न था और वह उन्मुक्त रूप से हँस रही थी। गजाधर बाबू को देखते ही नरेन्द्र धप से बैठ गया और चाय का प्याला उठाकर मुँह से लगा लिया। बहू को होश आया और उसने झट से माथा ढक लिया, केवल बसन्ती का शरीर रह-रहकर हँसी दबाने के प्रयत्न में हिलता रहा।

गजाधर बाबू ने मुस्कराते हुए उन लोगों को देखा। फिर कहा, "क्यों नरेन्द्र, क्या नकल हो रही थी?" "कुछ नहीं बाबूजी।" नरेन्द्र ने सिटपिटाकर कहा। गजाधर बाबू ने चाहा था कि वह भी इस मनोविनोद में भाग लेते, पर उनके आते ही जैसे सब कुंठित हो चुप हो गये, उससे उनके मन में थोड़ी-सी खिन्नता उपज

आयी। बैठते हुए बोले, "बसन्ती, चाय मुझे भी देना। तुम्हारी अम्माँ की पूजा अभी चल रही है क्या?" बसन्ती ने माँ की कोठरी की ओर देखा, "अभी आती ही होंगी," और प्याले में उनके लिए चाय छानने लगी। बहू चुपचाप पहले ही चली गयी थी, अब नरेन्द्र भी चाय का आखिरी घूँट पीकर उठ खड़ा हुआ, केवल बसन्ती, पिता के लिहाज़ में, चौके में बैठी माँ की राह देखने लगी। गजाधर बाबू ने एक घूँट चाय पी, फिर कहा, "बिट्टी—चाय तो फीकी है।"

"लाइए, चीनी और डाल दूँ।" बसन्ती बोली।

"रहने दो, तुम्हारी अम्माँ जब आयेंगी, तभी पी लूँगा।"

थोड़ी देर में उनकी पत्नी हाथ में अर्घ्य का लोटा लिए निकलीं और अशुद्ध स्तुति करते हुए तुलसी में डाल दिया। उन्हें देखते ही बसन्ती भी उठ गयी। पत्नी ने आकर गजाधर बाबू को देखा और कहा, "अरे, आप अकेले बैठे हैं—यह सब कहाँ गये?" गजाधर बाबू के मन में फाँस-सी करक उठी, "अपने-अपने काम में लग गये हैं—आखिर बच्चे ही हैं।"

पत्नी आकर चौके में बैठ गयीं—उन्होंने नाक-भौं चढ़ाकर चारों ओर जूठे बर्तनों को देखा। फिर कहा, "सारे में जूठे बर्तन पड़े हैं। इस घर में धरम-करम कुछ नहीं। पूजा करके सीधे चौके में घुसो।" फिर उन्होंने नौकर को पुकारा, जब उत्तर न मिला तो एक बार और उच्च स्वर में, फिर पति की ओर देखकर बोलीं, "बहू ने भेजा होगा बाजार।" और एक लम्बी साँस लेकर चुप हो रहीं।

गजाधर बाबू बैठकर चाय और नाश्ते का इंतजार करते रहे। उन्हें अचानक ही गनेशी की याद आ गयी। रोज सुबह, पैसेंजर आने से पहले वह गर्म-गर्म पूरियाँ और जलेबी बनाता था। गजाधर बाबू जब तक उठकर तैयार होते, उनके लिए जलेबियाँ और चाय लाकर रख देता था। चाय भी कितनी बढ़िया, काँच के गिलास में ऊपर तक भरी लबालब, पूरे ढाई चम्मच चीनी, और गाढ़ी मलाई। पैसेंजर भले ही रानीपुर लेट पहुँचे, गनेशी ने चाय पहुँचाने में कभी देर नहीं की। क्या मजाल कि कभी उससे कुछ कहना पड़े।

पत्नी का शिकायत-भरा स्वर सुनकर उनके विचारों में व्याघात पहुँचा। वह कह रही थीं, सारा दिन इसी खिच-खिच में निकल जाता है। इसी गिरस्थी का धंधा पीटते-पीटते उमर बीत गयी। कोई जरा हाथ भी नहीं बँटाता।

"बहू क्या करती है?" गजाधर बाबू ने पूछा।

"पड़ी रहती है। बसन्ती को तो फिर कहो कि कॉलेज जाना होता है।"

गजाधर बाबू ने जोश में आकर बसन्ती को आवाज दी। बसन्ती भाभी के

कमरे से निकली तो गजाधर बाबू ने कहा, "बसन्ती, आज से शाम का खाना बनाने की जिम्मेवारी तुम पर है। सुबह का भोजन तुम्हारी भाभी बनाएँगी।"

बसन्ती मुँह लटकाकर बोली, "बाबूजी, पढ़ना भी तो होता है।"

गजाधर बाबू ने बड़े प्यार से समझाया, "तुम सवेरे पढ़ लिया करो। तुम्हारी माँ बूढ़ी हुईं, उनके शरीर में अब वह शक्ति नहीं बची है। तुम हो, तुम्हारी भाभी हैं, दोनों को मिलकर काम में हाथ बँटाना चाहिए।"

बसन्ती चुप रह गयी। उसके जाने के बाद, उसकी माँ ने धीरे से कहा, "पढ़ने का तो बहाना है। कभी जी नहीं लगता, लगे कैसे? शीला से ही फुरसत नहीं, बड़े-बड़े लड़के हैं उस घर में, हर वक्त वहाँ घुसा रहना, मुझे नहीं सुहाता। मना करूँ तो सुनती नहीं।"

नाश्ता कर, गजाधर बाबू बैठक में चले गये। घर छोटा था और ऐसी व्यवस्था हो चुकी थी कि उसमें गजाधर बाबू के रहने के लिए कोई स्थान न बचा था। जैसे किसी मेहमान के लिए कुछ अस्थायी प्रबन्ध कर दिया जाता है, उसी प्रकार बैठक में कुर्सियों को दीवार से सटाकर बीच में गजाधर बाबू के लिए पतली-सी चारपाई डाल दी गयी थी—गजाधर बाबू उस कमरे में पड़े-पड़े, कभी-कभी अनायास ही, इस अस्थायित्व का अनुभव करने लगते। उन्हें याद हो आती उन रेलगाड़ियों की, जो आतीं और थोड़ी देर रुककर किसी और लक्ष्य की ओर चली जातीं।

घर छोटा होने के कारण बैठक में ही अब अपना प्रबन्ध किया था। उनकी पत्नी के पास अन्दर एक छोटा कमरा अवश्य था, पर वह एक ओर अचारों के मर्तबान, दाल, चावल के कनस्तर और घी के डिब्बे से घिरा था--तो दूसरी ओर पुरानी रजाइयाँ, दरियों में लिपटी और रस्सी से बँधी रखी थीं, उसके पास एक बड़े-से टीन के बक्स में घर-भर के गरम कपड़े थे। बीच में एक अलगनी बँधी हुई थी, जिस पर प्रायः बसन्ती के कपड़े लापरवाही से पड़े रहते थे। वह भरसक उस कमरे में नहीं जाते थे। घर का दूसरा कमरा अमर और उसकी बहू के पास था। तीसरा कमरा, जो सामने की ओर था, बैठक था। गजाधर बाबू के आने से पहले उसमें अमर की ससुराल से आया बेंत की तीन कुर्सियों का सेट पड़ा था, कुर्सियों पर नीली गद्दियाँ और बहू के हाथों के कढ़े कुशन थे।

जब कभी उनकी पत्नी को कोई लम्बी शिकायत करनी होती, तो अपनी चटाई बैठक में डाल पड़ जाती थीं। तो वह एक दिन चटाई लेकर आ गयीं। गजाधर बाबू ने घर-गृहस्थी की बातें छेड़ीं, वह घर का रवैया देख रहे थे। बहुत हलके-से उन्होंने कहा कि अब हाथ में पैसा कम रहेगा, कुछ खर्च कम होना चाहिए।

"सभी खर्च तो वाजिब-वाजिब हैं, किसका पेट काटूँ? यही जोड़-गाँठ करते-करते बूढ़ी हो गयी, न मन का पहना, न ओढ़ा।"

गजाधर बाबू ने आहत, विस्मित दृष्टि से पत्नी को देखा। उनसे अपनी हैसियत छिपी न थी। उनकी पत्नी तंगी का अनुभव कर उसका उल्लेख करतीं, यह स्वाभाविक था, लेकिन उनमें सहानुभूति का पूर्ण अभाव गजाधर बाबू को बहुत खटका। उनसे यदि राय-बात की जाती कि प्रबन्ध कैसे हो, तो उन्हें चिन्ता कम, संतोष अधिक होता। लेकिन उनसे तो केवल शिकायत की जाती थी जैसे परिवार की सब परेशानियों के लिए वही जिम्मेदार थे।

"तुम्हें किस बात की कमी है अमर की माँ—घर में बहू है, लड़के-बच्चे हैं, सिर्फ रुपये से ही आदमी अमीर नहीं होता।" गजाधर बाबू ने कहा और कहने के साथ ही अनुभव किया, यह उनकी आन्तरिक अभिव्यक्ति थी ऐसी कि उनकी पत्नी नहीं समझ सकतीं। "हाँ, बड़ा सुख है न बहू से। आज रसोई करने गयी है, देखो क्या होता है," कहकर पत्नी ने आँखें मूँदीं, और सो गयीं। गजाधर बाबू बैठे हुए पत्नी को देखते रह गये—यही थी क्या उनकी पत्नी जिसके हाथों के कोमल स्पर्श, जिसकी मुस्कान की याद में उन्होंने सम्पूर्ण जीवन काट दिया था? उन्हें लगा कि वह लावण्यमयी युवती जीवन की राह में कहीं खो गयी और उसकी जगह आज जो स्त्री है, वह उनके मन और प्राणों के लिए नितान्त अपरिचिता है। गाढ़ी नींद में डूबी उनकी पत्नी का भारी-सा शरीर बहुत बेडौल और कुरूप लग रहा था, चेहरा श्रीहीन और रूखा था। गजाधर बाबू देर तक निस्संग दृष्टि से पत्नी को देखते रहे और फिर लेटकर छत की ओर ताकने लगे।

अन्दर कुछ गिरा और उनकी पत्नी हड़बड़ाकर उठ बैठीं, "लो बिल्ली ने कुछ गिरा दिया शायद," और वह अन्दर भागीं, थोड़ी देर में लौटकर आयीं तो उनका मुँह फूला हुआ था, "देखो बहू को, चौका खुला छोड़ आयी, बिल्ली ने दाल की पतीली गिरा दी। सभी तो खाने को हैं, अब क्या खिलाऊँगी?" वह साँस लेने को रुकीं और बोलीं, "एक तरकारी और चार पराँठे बनाने में सारा डिब्बा घी उँड़ेलकर रख दिया। जरा-सा दर्द नहीं है, कमाने वाला हाड़ तोड़े और यहाँ चीजें लुटें। मुझे तो मालूम था कि यह सब काम किसी के बस का नहीं है?"

गजाधर बाबू को लगा कि पत्नी कुछ और बोलेंगी तो उनके कान झनझना उठेंगे। ओठ भींच, करवट लेकर उन्होंने पत्नी की ओर पीठ कर ली।

रात का भोजन बसन्ती ने जान-बूझकर ऐसा बनाया कि कौर तक निगला न जा सके। गजाधर बाबू चुपचाप खाकर उठ गये, पर नरेन्द्र थाली सरकाकर

उठ खड़ा हुआ और बोला, "मैं ऐसा खाना नहीं खा सकता।"

बसन्ती तुनककर बोली, "तो न खाओ, कौन तुम्हारी खुशामद करता है।"

"तुमसे खाना बनाने को कहा किसने था?" नरेन्द्र चिल्लाया।

"बाबूजी ने।"

"बाबूजी को बैठे-बैठे यही सूझता है।"

बसन्ती को उठाकर माँ ने नरेन्द्र को मनाया और अपने हाथ से कुछ बनाकर खिलाया। गजाधर बाबू ने बाद में पत्नी से कहा, "इतनी बड़ी लड़की हो गयी और उसे खाना बनाने तक का शऊर नहीं आया।" "अरे आता सब कुछ है, करना नहीं चाहती," पत्नी ने उत्तर दिया। अगली शाम माँ को रसोई में देख, कपड़े बदलकर बसन्ती बाहर आयी तो बैठक से गजाधर बाबू ने टोक दिया, "कहाँ जा रही हो?"

"पड़ोस में, शीला के घर।" बसन्ती ने कहा।

"कोई जरूरत नहीं है, अन्दर जाकर पढ़ो।" गजाधर बाबू ने कड़े स्वर में कहा। कुछ देर अनिश्चित खड़े रहकर बसन्ती अन्दर चली गयी। गजाधर बाबू शाम को रोज टहलने चले जाते थे, लौटकर आये तो पत्नी ने कहा, "क्या कह दिया बसन्ती से? शाम से मुँह लपेटे पड़ी है। खाना भी नहीं खाया।"

गजाधर बाबू खिन्न हो आये। पत्नी की बात का उन्होंने कुछ उत्तर नहीं दिया। उन्होंने मन में निश्चय कर लिया कि बसन्ती की शादी जल्दी ही कर देनी है। उस दिन के बाद बसन्ती पिता से बची-बची रहने लगी। जाना होता तो पिछवाड़े से जाती। गजाधर बाबू ने दो-एक बार पत्नी से पूछा तो उत्तर मिला, "रूठी हुई है।" गजाधर बाबू को और रोष हुआ। लड़की के इतने मिजाज, जाने को रोक दिया तो पिता से बोलेगी नहीं। फिर उनकी पत्नी ने ही सूचना दी कि अमर अलग रहने की सोच रहा है।

"क्यों?" गजाधर बाबू ने चकित होकर पूछा।

पत्नी ने साफ-साफ उत्तर नहीं दिया। अमर और उसकी बहू की शिकायतें बहुत थीं। उनका कहना था कि गजाधर बाबू हमेशा बैठक में ही पड़े रहते हैं, कोई आने-जाने वाला हो तो कहीं बैठाने की जगह नहीं। अमर को अब भी वह छोटा-सा समझते थे, और मौके-बेमौके टोक देते थे। बहू को काम करना पड़ता था और सास जब-तब फूहड़पन पर ताने देती रहती थीं। "हमारे आने के पहले भी कभी ऐसी बात हुई थी?" गजाधर बाबू ने पूछा। पत्नी ने सिर हिलाकर जताया कि नहीं। पहले अमर घर का मालिक बनकर रहता था—बहू को कोई रोक-टोक न

थी, अमर के दोस्तों का प्रायः यहीं अड्डा जमा रहता था और अन्दर से नाश्ता-चाय तैयार होकर जाता रहता था। बसन्ती को भी वही अच्छा लगता था।

गजाधर बाबू ने बहुत धीरे से कहा, "अमर से कहो, जल्दबाजी की कोई जरूरत नहीं है।"

अगले दिन वह सुबह घूमकर लौटे तो उन्होंने पाया कि बैठक में उनकी चारपाई नहीं है। अन्दर जाकर पूछने ही वाले थे कि उनकी दृष्टि रसोई के अन्दर बैठी पत्नी पर पड़ी। उन्होंने यह कहने को मुँह खोला कि बहू कहाँ है; पर कुछ याद कर चुप हो गये। पत्नी की कोठरी में झाँका तो अचार, रजाइयों और कनस्तरों के मध्य अपनी चारपाई लगी पायी। गजाधर बाबू ने कोट उतारा और कहीं टाँगने को दीवार पर नजर दौड़ाई फिर उसे मोड़कर अलगनी के कुछ कपड़े खिसकाकर, एक किनारे टाँग दिया। कुछ खाए बिना ही अपनी चारपाई पर लेट गये। कुछ भी हो, तन आखिरकार बूढ़ा ही था। सुबह-शाम कुछ दूर टहलने अवश्य चले जाते, पर आते-आते थक उठते थे। गजाधर बाबू को अपना बड़ा-सा, खुला हुआ क्वार्टर याद आ गया। निश्चिंत जीवन, सुबह पैसेंजर ट्रेन आने पर स्टेशन की चहल-पहल, चिरपरिचित चेहरे और पटरी पर रेल के पहियों की खट्-खट्, जो उनके लिए मधुर संगीत की तरह था। तूफान और डाक गाड़ी के इंजनों की चिंघाड़ उनकी अकेली रातों की साथी थी। सेठ रामजीमल की मिल के कुछ लोग कभी-कभी पास आ बैठते, वही उनका दायरा था, वही उनके साथी। वह जीवन अब उन्हें एक खोई निधि-सा प्रतीत हुआ। उन्हें लगा कि वह जिंदगी द्वारा ठगे गये हैं। उन्होंने जो कुछ चाहा, उसमें से उन्हें एक बूँद भी न मिली।

लेटे हुए वह घर के अन्दर से आते विविध स्वरों को सुनते रहे। बहू और सास की छोटी-सी झड़प, बालटी पर खुले नल की आवाज, रसोई के बरतनों की खटपट और उसी में दो गौरैयों का वार्तालाप—और अचानक ही उन्होंने निश्चय कर लिया कि अब घर की किसी बात में दखल न देंगे। यदि गृहस्वामी के लिए पूरे घर में एक चारपाई की जगह यहीं है, तो यहीं पड़े रहेंगे। अगर कहीं और डाल दी गयी, तो वहाँ चले जायेंगे। यदि बच्चों के जीवन में उनके लिए कहीं स्थान नहीं, तो अपने ही घर में परदेसी की तरह पड़े रहेंगेण्णऔर उस दिन के बाद सचमुच गजाधर बाबू कुछ नहीं बोले। नरेन्द्र माँगने आया तो बिना कारण पूछे उसे रुपए दे दिये—बसन्ती काफी अँधेरा हो जाने के बाद भी पड़ोस में रही तो भी उन्होंने कुछ नहीं कहा—पर उन्हें सबसे बड़ा गम यह था कि उनकी पत्नी ने भी उनमें कुछ परिवर्तन लक्ष्य नहीं किया। वह मन-ही-मन कितना भार ढो रहे

हैं इससे वह अनजान ही बनी रहीं। बल्कि उन्हें पति के घर के मामले में हस्तक्षेप न करने के कारण शान्ति ही थी। कभी-कभी कह भी उठतीं, "ठीक ही है, आप बीच में न पड़ा कीजिए, बच्चे बड़े हो गये हैं, हमारा जो कर्तव्य था, कर रहे हैं। पढ़ा रहे हैं, शादी कर देंगे।"

गजाधर बाबू ने आहत दृष्टि से पत्नी को देखा। उन्होंने अनुभव किया कि वह पत्नी व बच्चों के लिए केवल धनोपार्जन के निमित्त मात्र हैं। जिस व्यक्ति के अस्तित्व से पत्नी माँग में सिन्दूर डालने की अधिकारिणी है, समाज में उसकी प्रतिष्ठा है, उसके सामने वह दो वक्त भोजन की थाली रख देने से सारे कर्तव्यों से छुट्टी पा जाती है। वह घी और चीनी के डिब्बों में इतनी रमी हुई है कि अब वही उसकी सम्पूर्ण दुनिया बन गयी है। गजाधर बाबू उनके जीवन के केंद्र नहीं हो सकते, उन्हें तो अब उनकी शादी के लिए भी उत्साह बुझ गया। किसी बात में हस्तक्षेप न करने के लिए निश्चय के बाद भी उनका अस्तित्व उस वातावरण का एक भाग न बन सका। उनकी उपस्थिति उस घर में ऐसी असंगत लगने लगी थी, जैसे सजी हुई बैठक में उनकी चारपाई थी। उनकी सारी खुशी एक गहरी उदासीनता में डूब गयी।

इतने सब निश्चयों के बावजूद भी गजाधर बाबू एक दिन बीच में दखल दे बैठे। पत्नी स्वभावानुसार नौकर की शिकायत कर रही थी, "कितना कामचोर है, बाजार की हर चीज में पैसा बचाता है, खाने बैठता है, तो खाता ही चला जाता है।" गजाधर बाबू को यह महसूस होता रहता था कि उनके घर का रहन-सहन और खर्च उनकी हैसियत से कहीं ज्यादा है। पत्नी की बात सुनकर लगा कि नौकर का खर्च बिल्कुल बेकार है; छोटा-मोटा काम है, घर में तीन मर्द हैं, कोई-न-कोई कर ही देगा; उन्होंने उसी दिन नौकर का हिसाब कर दिया। अमर दफ्तर से आया तो नौकर को पुकारने लगा। अमर की बहू बोली, "बाबूजी ने नौकर छुड़ा दिया है।"

"क्यों?"

"कहते हैं खर्च बहुत है।"

यह वार्तालाप बहुत सीधा-सा था, पर जिस टोन में बहू बोली, गजाधर बाबू को खटक गया। उस दिन जी भारी होने के कारण गजाधर बाबू टहलने नहीं गये थे। आलस्य में, उठकर बत्ती भी नहीं जलाई—इस बात से बेखबर नरेन्द्र माँ से कहने लगा, "अम्माँ, तुम बाबूजी से कहतीं क्यों नहीं? बैठे-बिठाए कुछ नहीं तो नौकर ही छुड़ा दिया। अगर बाबूजी यह समझें कि मैं साइकिल पर गेहूँ रख आटा पिसाने जाऊँगा तो मुझसे यह नहीं होगा।" "हाँ अम्माँ"—बसन्ती का

स्वर था, "मैं कॉलेज भी जाऊँ और लौटकर घर में झाड़ू भी लगाऊँ, यह मेरे बस की बात नहीं है।"

"बूढ़े आदमी हैं," अमर मुनमुनाया, "चुपचाप पड़े रहें। हर चीज में दखल क्यों देते हैं!" पत्नी ने बड़े व्यंग्य से कहा, "और कुछ नहीं सूझा तो तुम्हारी बहू को ही चौके में भेज दिया। वह गयी तो पन्द्रह दिन का राशन पाँच दिन में बनाकर रख दिया।" बहू कुछ कहे, इससे पहले वह चौके में घुस गयीं। कुछ देर में अपनी कोठरी में आयीं और बिजली जलाई तो गजाधर बाबू को लेटे देख सिटपिटाईं। गजाधर बाबू की मुखमुद्रा से वह उनके भावों का अनुमान न लगा सकीं। वह चुप, आँखें बन्द किये लेटे रहे।

गजाधर बाबू चिट्ठी हाथ में लिए अन्दर आये और पत्नी को पुकारा। वह भीगे हाथ लिए निकलीं और आँचल से पोंछती हुई पास आ खड़ी हुईं। गजाधर बाबू ने बिना किसी भूमिका के कहा, "मुझे सेठ रामजीमल की चीनी-मिल में नौकरी मिल गयी है। खाली बैठे रहने से तो चार पैसे घर में आयें, वही अच्छा है। उन्होंने तो पहले ही कहा था, मैंने मना कर दिया था।" फिर कुछ रुककर, जैसे बुझी हुई आग में एक चिनगारी चमक उठे, उन्होंने धीमे स्वर में कहा, "मैंने सोचा था कि बरसों तुम सबसे अलग रहने के बाद, अवकाश पाकर परिवार के साथ रहूँगा। खैर, परसों जाना है। तुम भी चलोगी?"

"मैं?" पत्नी ने सकपकाकर कहा, "मैं चलूँगी तो यहाँ का क्या होगा? इतनी बड़ी गृहस्थी, फिर सयानी लड़की..."

बात बीच में काट गजाधर बाबू ने थके, हताश स्वर में कहा, "ठीक है, तुम यहीं रहो। मैंने तो ऐसे ही कहा था।" और गहरे मौन में डूब गये।

नरेन्द्र ने बड़ी तत्परता से बिस्तर बाँधा और रिक्शा बुला लाया। गजाधर बाबू का टिन का बक्स और पतला-सा बिस्तर उस पर रख दिया गया। नाश्ते के लिए लड्डू और मठरी की डलिया हाथ में लिए गजाधर बाबू रिक्शे पर बैठ गये। एक दृष्टि उन्होंने अपने परिवार पर डाली और फिर दूसरी ओर देखने लगे और रिक्शा चल पड़ा। उनके जाने के बाद सब अन्दर लौट आये। बहू ने अमर से पूछा, "सिनेमा ले चलिएगा न?" बसन्ती ने उछलकर कहा, "भइया, हमें भी।"

गजाधर बाबू की पत्नी सीधे चौके में चली गयीं। बची हुई मठरियों को कटोरदान में रखकर अपने कमरे में लाईं और कनस्तरों के पास रख दिया, फिर बाहर आकर कहा, "अरे नरेन्द्र, बाबूजी की चारपाई कमरे से निकाल दे। उसमें चलने तक की जगह नहीं है।"

ममता कालिया

जन्म : वृन्दावन, उत्तर प्रदेश। 1960 से लगातार लेखन में सक्रिय। कविता से आरम्भ कर कहानी, उपन्यास और नाटक में भी प्रयोग किये।

आजीविका के लिए दिल्ली तथा एस.एन.डी.टी., मुम्बई के महाविद्यालयों में अंग्रेजी की प्राध्यापिका रहीं। 1973 से 2001 तक इलाहाबाद के एक डिग्री कॉलेज में प्राचार्या। अन्ततः पूर्णकालिक रचनाकार।

पुरस्कार व सम्मान : उ.प्र. हिन्दी संस्थान का महादेवी स्मृति पुरस्कार एवं यशपाल स्मृति सम्मान; अभिनव भारती कलकत्ता का रचना सम्मान; सावित्री बाई फुले सम्मान। हिन्दी साहित्य परिषद सम्मान; हिन्दी साहित्य सम्मेलन का अमृत सम्मान।

अन्य रचनाएँ : बेघर, नरक दर नरक, प्रेम कहानी, लड़कियाँ, एक पत्नी के नोट्स, दौड़ (उपन्यास); यहाँ रोना मना है, आप न बदलेंगे (एकांकी संग्रह); कितने प्रश्न करूँ (काव्य-संग्रह); Tribute to Papa and other poems', 'Poems 78' (अंग्रेजी काव्य-संग्रह)।

अनेक राष्ट्रीय व अन्तरराष्ट्रीय काव्य तथा कहानी संकलनों में रचनाएँ प्रकाशित।

उमस

ममता कालिया

पति का ख़याल था कि पत्नी के रूप में वह एक गोल व्यक्तित्व बनती जा रही थी। देह, दिल और दिमाग के कई कोण घिसते जा रहे थे। यह एक ऐसी प्रक्रिया थी जो लाख मेकअप और गेटअप के बावजूद रुकी नहीं थी। शुरू में वह और उसका पति दोनों, हमउम्र, हमपेशा और हमखयाल थे, पर यकायक न जाने कब उसके ऊपर जंग और धूल जमने लगी। उसका पति एक तेज-तर्रार आदमी था जिसे हरवक्त रफ्तार पसन्द थी, प्यार, व्यापार और व्यवहार में। उनके घर आनेवालों में थोड़े-थोड़े दिनों बाद रद्दोबदल होती रहती। पिछले साल के दोस्त पिछले कैलेंडर के साथ खारिज कर दिये जाते; फिर कुछ नये चेहरे आने लगते। रानी को कुछ दिन अटपटा लगता, कई बार बातों में वह नये मित्र को पुराने मित्र के नाम से सम्बोधित कर देती, पर उसके पति से ऐसी गलती हरगिज न होती। वह लगातार समकालीन रहता, जबकि, वह कई दिनों तक तत्कालीन बनी रहती। नये आनेवाले लोगों के नये अन्दाज थे, बैठने के, सिगरेट की राख झाड़ने के, प्याले की तली में चाय की अन्तिम बूँदें छोड़ने के। वे रानी से कुछ नहीं कहते, फिर भी उसे कुछ परेशानी महसूस होती। वह हर चेहरे में एक पिछली परछाईं ढूँढ़ती। उसके जेहन में चीजों की निरन्तरता थी, जो बार-बार टूट जाती।

ऐसा हो जाना शायद उसके लिए एक स्वाभाविक परिणति थी।

घर के अन्दर के वातावरण में तारतम्यता थी, निरन्तरता और दैनिकता की मिली-जुली उपलब्धि। दोपहर में रानी गृहलक्ष्मी कार्यक्रम आकाशवाणी से सुनती और सुनते-सुनते उसे झपकी लग जाती। ज्यादातर उसकी आँख सास की डपट से खुलती, "बाल-बच्चेवालियाँ कहीं दिन दोपहर इस तरह पैर फैलाकर सोती हैं, अरे, थोड़ी देर सूई सलाई लेकर बैठ, कपड़े पड़े हैं इस्त्री फेर ले। शाम का काम अभी शुरू भी नहीं किया तूने!"

वह हड़बड़ाकर उठती। उठते ही काम अपने आठ-आठ पंजों से उसे जकड़ लेता। वह एक काम पूरा करती तो दूसरा अधूरा रह जाता, दूसरे पर ध्यान देती तो तीसरा काम कहीं से उग आता। इस सारी प्रक्रिया में रात तक वह एक हाय हाय व्यक्तित्व बन जाती। इसके विपरीत ज्यों-ज्यों रात गहराती, उसका पति और ज्यादा सचेत, सक्रिय और बा़तूनी बनता जाता। वह हर बात पर सुभानअल्ला किस्म की दाद चाहता और अपने अगले कार्यक्रम के नक्शे सुनाता। रानी की इच्छा होती वह एक शव की तरह निस्पंद पड़ जाये पर उसका पति विनोद अपने नाम को सार्थक करता हुआ चुहल के मूड में रहता। उसकी जड़ता से विनोद कई बार खीझता और दोनों के बीच अनबोला हो जाता। तब एक-दूसरे को समझना और भी मुश्किल हो जाता। हालाँकि विनोद कभी पत्नी की शिकायत नहीं करता था, फिर भी माँ को एकदम पता चल जाता कि दोनों के बीच तनाव है। वे तब तानाशाह की तरह रानी से काम करवातीं और साथ ही हर काम पर अपनी टिप्पणी लगाती जातीं, ''न करो तो हर काम बड़ा है, करो तो कुछ भी नहीं है। तेरी उमर पर मैं आधी-आधी रात तक कपड़े धोया करती थी, चक्की चलाना, भैंस की सानी पानी करना, कंडी बनाना, सीना-पिरोना—इस सबकी तो गिनती ही नहीं थी। औरत जात का काम प्यारा होता है, चाम नहीं। तुझे तो हिरनी की तरह होना चाहिए, बारहसिंगे की तरह नहीं कि बस सींग अड़ाती डोले।''

रानी धीरे-धीरे, हारे हुए हाथों से काम में लगी रहती। माँ उसके हाथ से पोचे की बाल्टी या सब्जी की टोकरी छीन लेतीं। गजब की फुर्ती थी उनके काम में। वे काम निपटातीं, ''तुझे यह भी नहीं पता कि मरे-मरे हाथ चलाने से घर का दलिद्दर कभी नहीं भागता। जल्दी कर, फटाफट खाना बना डाल, मुझे सत्संग में जल्दी जाना है।''

रानी ठिठक जाती, ''माँ ऐसा नहीं हो सकता कि मैं सत्संग में चली जाऊँ और तुम आज घर देख लो?''

माँ बिगड़ जातीं, ''तेरी ये ही बेतुकी बातें मुझे बुरी लगती हैं रानी। वहाँ क्या नौटंकी लगी है।''

रानी को ये सब बातें सुनाई नहीं देतीं। अपनी बात कहने के साथ ही वह जैसे अपने आप को देख लेती--उसने बाजार से दो धोतियाँ खरीदी हैं, उसने उन्हें गेरू से रंग लिया है, उसने रुद्राक्ष की माला पहन ली है, पैर में खड़ाऊँ हैं, हाथ में खड़ताल और वह किसी सुरम्य घाटी में बैठ उन्मुक्त कंठ से गा रही है। फिल्म, दूरदर्शन और अपनी कल्पना के मेलजोल से बना यह धारावाहिक दृश्य

चलता रहता कि अचानक माँ की तेज चेतावनी आती, "तुझे दिखता नहीं है सामने दूध उबलकर फैल रहा है और तू लट्ठ सी खड़ी की खड़ी।"

रानी अपनी निरन्तरता में से निकल नहीं पाती, "माँ कभी कोई गलती तो मुझे अपने आप कर लेने दिया करो।"

माँ गुस्सा हो जातीं, "क्यों करेगी तू गलती? अरे जब हम बैठे हैं बताने सिखाने वाले, तुझे फिकर क्या है। जैसे मैं कहती हूँ, आँख मूँदकर करती चल, मजाल है कोई गलती हो जाये!"

रानी रसोई से हटकर कमरे में आ जाती।

कमरे में हमेशा की तरह खूब से लोग बैठे होते। वह उनमें से एक-दो चेहरे ही पहचानती। वे चुप बैठे होते जबकि दूसरे नये चेहरे बड़े जोर-शोर से बहस में लगे होते। बहस ज्यादातर किसी नये प्रश्न पर होती, 'साहित्य में इक्कीसवीं सदी कैसे आयेगी।' 'पाकिस्तान के पास बम है या नहीं।'

ऐसे ही एक मौके पर रानी ने कह दिया, "यह तो बिल्कुल ऐसा सवाल है जैसा पिछले दिनों छपी एक कहानी में था कि दादी के पास छप्पन तोले की करधन है या नहीं।"

विनोद ने गुस्से से उसकी तरफ देखा। यह उसके अन्दर चले जाने का सिगनल था।

"जिन बातों को नहीं समझती उनमें बोलती क्यों हो? एक शुद्ध राजनीतिक बहस में कहानी की बात कहाँ से आ गयी?" विनोद ने बाद में डाँटा, "इतनी बेतुकी बातें तुम्हारे दिमाग में भरी रहती हैं। कई बार मुझे हैरानी होती है, कैसे तुमने बी. ए. पास किया।"

"मुझे अफसोस है कि मैंने बी. ए. पास किया। इसकी भी जरूरत नहीं थी।"

"अच्छा ज्यादा बोलने की जरूरत नहीं है।"

"बोलेगी तो यह जरूर, चाहे बात में तुक हो या नहीं। ऐसे ही सारा दिन मेरे साथ बहस में पड़ी रहती है।" माँ अपने संवाद के साथ मंच पर आ जाती, "तेरे से तो चलो मिलने वाले आते हैं, तू मर्द है, पर यह वहाँ मर्दों के बीच बार-बार क्या करने जाती है? यह नहीं कि औरत की तरह चाय रखकर अन्दर चली आये।"

"क्यों होती जा रही हो इतनी अजीब तुम!" विनोद कहता।

"मैंने कोई अनर्थ तो नहीं कर दिया, एक छोटी-सी बात थी वह।"

"पर कितनी बेतुकी, बेवक्त?"

रानी वहाँ से हट गयी। कमरे में धुले हुए कपड़ों का बेतरतीब ढेर पड़ा था। कपड़ों के बीचोंबीच बैठ वह तह लगाने लगी। सुस्ती आने लगी तो वह उन्हीं के बीच सो गयी। यकायक झंझोड़े जाने से उसकी नींद टूटी। यह उसका बेटा था, पवन।

"माँ एक प्याला चाय बना दो।" पवन ने कहा। रानी ने उनींदी आँखों से अपने बेटे की तरफ देखा। बेटा उससे एक हाथ लम्बा हो रहा था। अब न वह उसके बालों में तेल लगा सकती थी, न उसका कॉलर ठीक कर सकती थी। कद के हिसाब से वही घर में सबसे संक्षिप्त थी।

"चाय तो मुझे भी पीनी है पर बनाएगा कौन?" रानी ने कहा।

"और कौन बनाएगा, जल्दी करो, मुझे प्रैक्टिस पर जाना है।" पवन ने कहा और अपने कमरे की ओर चला गया।

रानी कुछ देर वैसे ही बैठी रही। उसने अपने आप को बेहद फँसा हुआ पाया। बिना चौके में गये चाय बननी मुमकिन नहीं थी और चौके का मतलब था चखचख। जाये न जाये के बीच अपनी सुस्ती खोलती न खोलती अन्ततः जब तक रानी ने चाय बनायी, पवन बिना चाय पिए खेलने के लिए चला गया था।

'मुझसे कोई भी काम ठीक से नहीं होता।' रानी ने सोचा और दुखी हो गयी। उसने भी चाय नहीं पी। वह देर तक खिड़की से पवन की राह देखती रही। बाहर आसमान था और आसमान में पतंगें। पतंग और पंछी अपनी बिसात भर उड़ानें भरते और अधिक से अधिक आगे जाने की कोशिश करते। रानी के पाँव अनजाने उचकने लगे। उसे लगा वह डोर का अन्तिम सिरा पकड़कर लटक जाये या पक्षियों की डार में पहुँच जाये। जब तक पवन घर आया, रानी बहुत परेशान हो चुकी थी।

"तू बिना चाय पिए चला गया और इतनी देर में आया है।"

"एक घंटे में तो आ गया हूँ, तुम इतनी देर लगा देती हो हर काम में।"

"अच्छा अब कहीं न जाना। मैं चाय लाती हूँ।"

तभी माँ अपने कमरे से आ गयीं, "रानी यह बच्चे को चाय पिलाने का वक्त है या खाना खिलाने का? सारा दिन तुझे चाय का खब्त सवार रहता है, यही बच्चों को लगा दे। इसका पेट चौपट हो जायेगा। बेटे चाय से कलेजा जल जाता है।"

पवन दादी का प्यार पा कर मचल गया, "मैं कहाँ माँग रहा हूँ, माँ खुद कह रही थीं।"

"पर खाना तो अभी तैयार ही नहीं है।" रानी ने कहा।

"कैसे तैयार होगा? तू दो घंटे से खिड़की पर खड़ी है, काम क्या भूत-प्रेत करेंगे?"

"हुआ क्या माँ कि मैं सोचने लगी पवन के लिए इस वक्त दमआलू और पूरी बना दूँगी। खयाल ही खयाल में तो मैं बना भी चुकी थी।"

"धन्य हो बहूरानी, आज हम लोग खयाल खायेंगे या कुछ करोगी भी।"

"माँ सारी दुनिया आज जेट रफ़्तार से चल रही है और तुम अभी फैजाबाद पैसेंजर ही बनी हुई हो।" पवन ने कहा।

रानी को लगा झूठ है यह बात। वह सुस्त नहीं है। जब सारे काम ही बेमजा हों, तो रानी क्या करे, कैसे अपना मन जोड़े इन टके टके के कामों से?

विनोद ने झींककर कहा, "इससे तो अच्छा है एक नौकर रख लें हम लोग।"

माँ बिगड़ गयी, "और यह क्या करेगी? आराम? फिर तो यह और भी बिगड़ जायेगी।"

रानी को हँसी आ गयी। उसे सुधारने का बीड़ा उठा रखा है माँ ने, जबकि वे खुद आदर्श नहीं हैं। कितनी ऐसी छोटी-बड़ी बातें हैं जिनमें उन्हें बहुत कुछ सीखना है। समझते हुए भी रानी नहीं बोलती, क्योंकि सच बोलने से घर का माहौल हमेशा खराब होता है।

टी. वी. पर क्रिकेट मैच आ रहा था। जिन दिनों मैच आता, घर में और कोई काम ही न होता। हर आदमी अपना छिटपुट काम लेकर टी. वी. के सामने होता। इच्छा रानी की भी होती कि गैस उठा कर बैठक में ले जाये और वहीं खड़े होकर खाना बनाए। पर यह मुमकिन नहीं था। लिहाजा वह आते-जाते, एक सब्जी और दूसरी सब्जी के बीच टी.वी. के पास ठिठककर खड़ी हो जाती। जैसे ही पवन कहता, "माँ बैठो।" वह चल देती, "अभी नहीं, मैं तो यों ही खड़ी हो गयी थी।"

रसोई में कुकर की सीटी और खलबल कुछ देर उसे सुनाई न देती। दिमाग में गेंद फेंकता इमरान और चौका मारता गावस्कर रहता। किसी तरह जल्दी-जल्दी काम निपटाकर वह बेटे के पास बैठ जाती।

एक गेंद पर खूब ताली बजी तो रानी ने कहा, "क्या शॉट लगाया है कपिल देव ने।"

पवन एकदम चिढ़ गया, "वह कपिल नहीं वेंगसरकर है, माँ।"